김정은의 정신세계

김정은의 정신세계

초판 1쇄 인쇄 2017년 3월 5일
초판 1쇄 발행 2017년 3월 10일

지은이 장경준
펴낸이 金泰奉
펴낸곳 한솜미디어
등록   제5-213호

편집   박창서 김수정
마케팅 김명준
홍보   김태일

주소   ㉾ 05044 서울시 광진구 아차산로 413(구의동 243-22)
전화   02)454-0492(代)
팩스   02)454-0493
이메일 hansom@hansom.co.kr
홈페이지 www.hansom.co.kr

값 12,000원
ISBN 978-89-5959-463-4 (03380)

* 잘못 만들어진 책은 구입하신 서점에서 바꿔드립니다.
* 이 책은 아모레퍼시픽의 아리따 글꼴을 사용하여 편집되었습니다.

경계성 성격장애를 보이는

김정은의 정신세계

정신의학자가 분석한
북한 통치자 김정은의 가계와
성장, 정신병리

정신의학박사
장경준 지음

| 머 리 말 |

 2011년 12월 17일 북한의 통치자 김정일이 사망하고, 뒤를 이어 그의 셋째 아들 김정은이 북한의 통치권력을 물려받았다.

 1984년 1월 8일 김정일과 고용희 사이에서 태어난 김정은은 불과 스물일곱 살의 어린 나이에 조부 김일성, 아버지 김정일에 이어 세 번째로 북한의 김씨 왕조를 통치하게 되었다. 김정은 집권 후 북한 정권은 수년 내에 붕괴할 것이란 국내외 많은 북한 전문가들의 예상을 완전히 뒤엎고 아직도 김정은의 북한 정권은 겉으로는 건재해 보인다.

 김정일은 1994년 7월 8일 김일성이 사망하고 권력을 이어받은 뒤 사망할 때까지 17년 동안 2006년 10월 9일과 2009년 5월 25일 두 차례의 핵실험을 시행하였다. 이에 반해 김정은은 김정일이 사망하고 권력을 이어받은 뒤 지금까지 불과 5년 사이에 2013년 2월 12일, 2016년 1월 6일 그리고 2016년 9월 9일에 걸쳐 세 차례의 핵실험을 감행하여 7,500여만 명이 거주하는 한반도를 핵 위험의 도가니로 몰아넣고 있다.

 또한 김정은은 집권 5년여 동안 300여 명 이상을 총살 등으로 숙청했다. 대표적인 예를 들면, 2013년 12월 고모부인 장성택이 권력을 탈취하려 했다며 대공화기인 고사총으로 처형하고 시신을 불태웠으며, 2015년 4월 인민무력부장 현영철 대장을 도청해 체제비판을 했다는 이유로 고사총으로 처형했고, 2016년 7월 내각 부총리 김용진을 김정은이 연설하는 동안 안경을 닦는 등 불량한 태도를 보였다는 죄목으로 총살했다.

 통상의 상식을 가진 사람이라면 이와 같은 단편적 사실만 접해 봐도 김정은은 주변을 의심하는 편집증, 예측 불가한 충동적 공격성과 통제 불가한 분노로 인한 가학적 잔혹성 등의 정신병리를 보이는 성격장애자라는 사실을 쉽사리 짐작할 수 있다.

북한은 이처럼 성격장애자인 김정은 1인에 의해 모든 것이 결정되는 특이한 정치구조를 가진 집단이다. 우리가 살고 있는 현대사회에서 이런 집단이 존재한다는 것 자체가 도저히 이해할 수 없는 현상이다.

저자는 김정은 집권 이후 성격장애자인 김정은이 우리 민족의 앞날에 어떤 부정적인 영향을 미칠지 항상 우려하는 마음을 가지고 있었다.

저자는 정신과 전문의로서 정신과적 지식과 임상경험을 바탕으로 북한 김정은의 비정상적인 정신세계를 분석해, 사랑하는 조국이 통일되는 데 미약하나마 도움이 되었으면 하는 바람에서 이 책을 쓰기로 결심했다. 특정인에 대한 정신분석은 개별적 심층면담을 통해 이루어지지만 김정은을 개인적으로 만나 심층면담을 진행하는 것은 불가능한 일이다.

따라서 저자는 김정은과 관련해 여러 훌륭한 북한 연구자들이 출간한 책과 발표한 자료들을 바탕으로 간접적인 방식으로 김정은의 정신세계를 분석하고자 한다.

저자 개인적 사유로 이 책을 쓸 것인지 망설이고 있을 때 "반드시 써야 한다"며 저자를 강하게 설득하고 책을 쓰는 동안 옆에서 열심히 도와준 아내 이정수 박사와 사랑하는 딸 장해린 박사에게 고마운 마음을 전한다.

著者 張景俊

| 차 례 |

머리말/4

Part 1 김정은의 가족 배경

01 김정은 조부 김일성 · 12
02 김일성의 여자들 · 23
    1. 김정숙 · 23
    2. 김성애 · 25
03 김정은 아버지 김정일 · 26
04 김정일의 여자들 · 57
    1. 성혜림 · 57
    2. 김영숙 · 62
    3. 고용희 · 63
    4. 김옥 · 71
05 김정일의 형제들 · 76
    1. 김경희와 남편 장성택 · 76
    2. 김정일의 이복형제들 – 김경진·김평일·김영일 · · · · 95
06 김정은과 리설주 · 99
    1. 김정은 · 99
    2. 김정은 부인 리설주 · 132
07 김정은의 형제들 · 137
    1. 김설송 · 137
    2. 김정남 · 138
    3. 김정철 · 144
    4. 김여정 · 148

Part 2 김정은의 정신병리

- **01** 출생 시 정서상태 152
- **02** 편집증 156
- **03** 과시주의 163
- **04** 예측불가한 충동성 167
- **05** 낮은 단계의 도덕 발달 172
- **06** 오이디푸스 콤플렉스 178
- **07** 김일성과 동일시 185
- **08** 페르조나 192
- **09** 공감과 리더십 199
- **10** 경계성 성격장애 206

Part 3 김정은의 미래

- **01** 핵 협상과 집단세뇌를 통해 잠정적으로 권력 유지 ... 223
- **02** 쿠데타에 의한 축출, 암살 227
- **03** 주민봉기에 의한 처형 231
- **04** 중국에 의한 제거 233
- **05** 자해와 타해 235
- **06** 병사·사고사 236
- **07** 자살 238

참고문헌/239

PART 1
김정은의 가족 배경

 정신과 전문의가 한 사람의 정신세계를 분석하기 위해서는 그 사람과 여러 번 직접 대면해 그 사람이 지금까지 살아오면서 부모를 포함한 주변 사람들과 겪은 경험과 느꼈던 감정 그리고 그 사람이 꾸는 꿈 등을 정신분석적 면담을 통해 파악해야 한다.

그러나 저자가 장시간 여러 번에 걸쳐 김정은을 직접 정신분석적으로 면담하는 것은 현실적으로 불가능하다. 그래서 저자는 이 책의 말미에 있는 김정은과 관련된 여러 참고문헌을 통해 습득한 사실을 바탕으로 김정은의 정신세계를 분석하고자 한다.

김정은에 대한 정신분석을 하려면 그가 지금까지 살아온 인생을 파악하는 것이 가장 중요하다. 사람은 출생 후 곧바로 혼자서 이 세상을 살아갈 수는 없다. 가족들로부터 독립해 독자적인 생활을 하기 전에는 가족들의 보살핌이 필수적이다. 또한 가족들로부터 독립해서는 주변 사람들과 상호작용을 하면서 세상을 살게 된다. 따라서 김정은의 정신세계를 분석하려면 김정은의 주변 사람들 그중에서도 가족에 대한 이해가 선행되어야 한다.

김정은의 5대 조인 김응우는 1860년 무렵에 묘지기 일을 하면서 평양 교외 만경대에 정착했다고 한다. 북한은 김응우가 조선시대 말기인 1866년(고종 3년) 8월 미국 상선 제너럴 셔먼호가 대동강을 거슬러올라와 평양에 이르러 강압적으로 통상을 요구했을 때, 제너럴 셔먼호를 공격해 불태운 사건의 주요 인물이었다고 주장하고 있다.

하지만 제너럴 셔먼호 사건과 관련하여 발생한 신미양요(1871년 미국이 제너럴 셔먼호 사건을 명분으로 조선을 강제 개항시키려고 군함 5척을 앞세워 무력 침략한 사건) 기록에서 김응우란 인물은 찾아볼 수 없다고 한다(다케야마 소데츠, 2011).

이와 같은 사실로 미루어 볼 때 북한이 주장하는 제너럴 셔먼호 사건과 관련된 김응우의 행동은 북한 김씨 왕조의 허황한 우상화 작업의 일환에 불과하다고 판단된다.

김정은의 4대 조인 김보현은 김응우의 외아들로, 1871년 출생해 농부로 살다가 1955년 사망했다. 김보현의 자식은 아들 셋과 딸 둘이 있었으며, 이 중 장남이 김형직이다.

김정은의 증조부인 김형직은 1894년 출생해, 1908년 두 살 위인 강반석(1892년 출생해 1932년 사망)과 결혼해 슬하에 아들 셋과 딸 셋을 두었다. 이들 자식 중 첫째가 김정은의 조부이자 북한 김씨 왕조의 시조인 김일성이다.

김형직은 평양의 숭실중학교를 졸업하고, 그 후 교사생활을 거쳐 독학으로 의학을 공부했다고 한다. 김형직은 항일운동을 한 것으로 알려져 있으며, 1926년 6월 서른두 살의 젊은 나이로 요절했다.

김정은의 증조모인 강반석의 친정아버지 강돈욱(1871년 출생해 1943년 사망)은 교회 장로이자 교육자였으나 뚜렷한 이유 없이 강반석을 학교에 보내지 않았다고 한다.

북한 통치자 김정은의 가족 배경을 좀 더 이해하기 위해서는 적어도 조부 김일성, 아버지 김정일 그리고 김정은 자신의 3대에 걸친 그의 가족력을 자세히 알아볼 필요가 있다.

01 김정은 조부 김일성

김정은의 조부인 김일성은 1912년 4월 15일 평안남도 대동군에서 출생했으며, 원래 이름은 김성주이다.

1919년 김일성 일가는 평안남도 대동군을 떠나 압록강 건너 만주의 임강 지역으로 이주했으며, 1920년 김일성은 임강소학교에 입학하게 된다. 당시 김정은의 증조부인 김형직은 순천의원이란 의료기관을 개원했다.

그 후 김형직의 항일운동으로 인해 가족들은 좀 더 안전한 지역인 장백현으로 이주함에 따라 김일성은 장백현 팔도구의 소학교로 전학하게 되고, 김형직은 그곳에서 광제의원을 개원했다.

1923년 김일성은 김형직의 결정에 따라 가족을 떠나서 홀로 어머니 강반석의 고향인 평안남도 대동군 고평면의 창덕학교를 다니게 된다. 당시 창덕학교 교장은 김일성의 외조부인 강돈욱이었다. 1924년 김형직이 만주에서 아편을 국내로 밀반입하다 발각되어 도주하다가 심한 동상에 걸렸고, 이 사건으로 김일성 일가는 팔도구에서 만주의 무송으로 이주하게 된다.

1925년 김일성은 창덕학교를 떠나 가족이 있는 무송으로 가서, 무송 제1소학교로 전학해 1년 뒤 졸업한다.

1926년 6월 5일 김형직이 동상 후유증으로 인해 서른두 살의 젊은 나이로 사망했는데, 당시 김형직의 장남 김일성은 열네 살 어린 소년에 불과했다.

1927년 김일성은 중국 길림성의 육문중학교 2학년으로 편입했으며, 중학교 재학 중에 정치활동에 많은 관심을 보였다.

1929년 김일성이 열일곱 살 때 공산주의 청년운동과 관련된 혐의를 받고 길림성 감옥에 수감되어, 그 이듬해 출소한다.

김일성은 이후 만주 지역 모든 항일무장운동의 연합체인 동북항일연군 소속 정치위원을 거쳐 동북항일연군 제1로군 6사 지휘관이 된다.

1937년 6월 4일 김일성은 보천보전투를 지휘하게 된다. 보천보전투는 당시 백두산 일대 조선과 중국 사이의 국경지역인 장백을 중심으로 항일투쟁 활동을 벌이던 동북항일연군 제1로군 6사가 백두산지구 유격구를 세우고, 박달·박금철 등이 이끄는 함경남도 갑산군 내 조국광복회 소속 조직원들과 함께 갑산군 혜산진 보천보에 침투해, 경찰주재소와 면사무소 그리고 우체국 등의 관공서를 공격하고, 포고문과 격문을 살포하고 물자를 노획한 사건이다. 보천보전투로 양측 각각 수십 명의 사상자가 발생했다고 한다(인터넷 두산백과).

보천보전투로 인해 김일성의 존재는 조선 국내뿐만 아니라 중국에도 알려지는 계기가 되었다.

1940년 김일성은 일본군의 대대적인 소탕작전을 피해 20여 명의 동료들과 함께 소련 하바롭스크로 도주해, 소련 극동군 소속의 육군 대위로 보병여단인 88여단 제1교도장으로 약 5년간 복무한다.

1945년 8월 15일 일본의 무조건 항복으로 제2차 세계대전이 끝나고, 그 해 9월 19일 소련군 소좌가 된 김일성과 그의 일행은 러시아 블라디보스토크에서 배를 타고 원산에 도착한다.

당시 북한으로 들어온 조선인 공산주의 항일무장투쟁 단체에는 연안파, 빨치산파, 소련파, 갑산파 등이 있었다.

이 집단 중 가장 세력이 컸던 집단은 박일우 중심의 연안파였다. 한국민족문화대백과에 따르면, 연안파는 조선의용군 출신의 정치집단으로 중국 연안을 중심으로 항일투쟁을 하다가 해방 후에 중국공산당의 후원 아래 북한으로 귀국했다. 연안파는 김일성의 빨치산파와 대립하다가 1956년 '8월 종파사건'으로 숙청당한다.

빨치산파는 1930년대 북만주를 중심으로 빨치산 활동을 하다가 일본군의 소탕작전에 쫓겨 러시아 하바롭스크 지역으로 탈출해 소련 극동군 88여단에서 활동하던 중 8·15 해방과 더불어 북한으로 들어왔다. 이들은 88여단 시절부터 소련 군부의 신임을 받았으며 북한으로 귀국 후 소련의 후광으로 정치적 입지를 쌓았다. 일명 만주파라고도 하는 빨치산파는 해방 직후 북한에 등장한 공산주의자들 가운데 결속력이 가장 강한 집단이었다.

소련파는 상당수가 소련에서 교육받았고, 대부분은 소련에 귀화한 사람들이었다. 하지만 이들은 빨치산파와 달리 국내에 뿌리가 없어 자체적으로 정치세력화하기에는 한계가 있었다. 소련파는 언제든지 소련으로 돌아갈 수 있었고, 실제로 1948년 소련군이 북한에서 철수할 때 상당수가 소련으로 돌아갔다. 남은 자들은 '8월 종파사건'으로 김일성과의 권력 투쟁에서 밀려나 연안파와 더불어 대다수가 숙청당했다.

갑산파는 만주 장백현과 조선 함경북도 갑산군 지역에서 박금철을 중심으로 지하활동을 하던 공산주의 집단이다. 갑산파는 보천보전투에서 김일성을 도왔지만 이를 계기로 일제에 의해 거의 조직이 와해되었다. 해방 이후 김일성의 빨치산파가 북한 정치를 주도하는 데 큰 도움을 줬지만, 1967년 '갑산파 사건'으로 김일성에 의해 숙청당한다.

김일성은 북한으로 귀국 후 자신이 중심인 빨치산파, 38선 이북의 소련 진주군인 소련군 제25군 사령관 치스차코프 대장이 이끄는 소련군 그리고 연안파와 소련파의 지지를 받아 북한을 장악하게 된다. 1948년 조선인민군이 창설되면서 김일성은 최고사령관이 되고 내각 수상에 취임한다.

1950년 6월 25일 김일성은 소련과 중국의 지원을 받아 남한을 기습공격해 6·25사변을 일으켰지만 실패하고, 1953년 7월 27일 '국제연합군 총사령관을 일방으로 하고 조선민주주의인민공화국 최고사령관 및 중공인민지원군 사령원을 다른 일방으로 하는 한국 군사정전에 관한 협정'인 휴전협정이 체결된다. 김일성은 휴전 후 6·25사변의 패전 책임을 남로당에 전가해, 박헌영과 이강국 그리고 이승엽 등 남로당 간부들을 미국의 스파이로 몰아 처형했다.

1956년 '8월 종파사건'이 발생한다. '8월 종파사건'은 1956년 6월 김일성이 북한에 우호적인 동유럽 사회주의국가들을 방문하는 동안, 연안파와 일부 소련파가 김일성의 중공업 우선 정책을 비판하는 경제논리와 김일성의 독재체제가 심각한 정도에 이르렀다는 정치논리를 명분으로 삼아, 조선 직업총동맹 위원장이었던 서휘를 중심으로 김일성 축출을 시도한 사건이었다.

당시 북한의 산업체계는 중공업 위주로 구성되어 있었고, 소련에서는 정치적으로 흐루쇼프에 의한 스탈린 격하운동으로 개인숭배를 비판하는 분위기가 고조되고 있던 시기였다.

연안파와 일부 소련파는 거사를 성공시키기 위해 김일성의 빨치산파에 속해 있던 최용건에게 협조를 요청했다. 하지만 최용건의 배신으로 김일성의 역습을 받아 상당수 연안파와 소련파는 숙청되고 나머지는 중국과 소련으로 도피하게 된다.

1967년 '갑산파 사건'이 발생한다. 김일성은 1950년 6·25사변을 일으켜 우리 민족에 돌이킬 수 없는 크나큰 비극을 안겨주고도 여전히 자신의 절대 권력을 유지하기 위해 1953년 휴전 후 3년 정도에 걸쳐 박헌영의 남로당파를 숙청하고, 1956년에는 '8월 종파사건'으로 연안파와 소련파를 숙청한다.

두 번의 대대적인 숙청작업에 이어 세 번째 숙청작업이 1967년 3월 발생한 '갑산파 사건'이다. 갑산파가 이때까지 김일성한테 제거되지 않았던 이유는 두 번의 숙청작업 때 김일성의 빨치산파와 협력관계에 있었기 때문이다. 두 번의 숙청작업을 통해 김일성의 빨치산파는 북한 군부를 완전히 장악해 군부 요직에 포진하게 된다. 반면에 갑산파의 주요 간부들인 박금철과 이효순 그리고 김도만 등은 노동당을 중심으로 배치되어 있었다.

1966년 10월 김일성은 당 대표자회의에서 국방 · 경제 병진노선을 주장했다. 김일성은 주민들의 생필품을 생산하는 경공업도 중요하지만 그보다는 중공업의 발전을 바탕으로 군수산업을 활성화시켜 제2의 6·25사변을 일으켜야겠다는 생각을 한 것으로 보인다.

갑산파는 이러한 김일성의 중공업 우선 정책에 반발하고 나섰다. 갑산파는 북한이 소련이나 중국 그리고 동유럽 사회주의 국가들에서 받는 원조를 중공업에 우선적으로 사용하는 것보다는 인민생활의 향상을 위해 경공업에도 균형적으로 사용해야 한다고 주장했다. 또한 북한 경제력에 비해 과도히 지출되는 국방비를 삭감하고, 주민들의 생활수준을 높이는 정책을 중점적으로 시행해야 한다고 주장했다(손광주, 2003).

빨치산파들은 갑산파의 주장대로 하면 김일성의 군수공업을 중심으로 한 중공업 발전 우선 노선을 폐기해야 하고, 군수공업이 취약하게 되면 자신들이 장악하고 있는 군부의 힘이 약해져 결과적으로 김일성을 중심으로 한 빨치산파의 몰락을 가져올 것이라 생각했다.

김일성은 기습적으로 1967년 3월 당 중앙위원회 4기 15차 전원회의를 열어 갑산파를 숙청하기로 결정한다. 1967년부터 시작한 갑산파 숙청은 1968년까지 계속되는데 중간급 지방간부직의 약 65%가 숙청될 정도로 숙청 범위가 넓었다.

김일성이 지휘한 두 번의 대대적 숙청작업에 이어 세 번째인 갑산파 숙청의 실제적인 이유는 서로 상반된 정책 대결의 결과라기보다는 결국 김일성 1인 독재체제 확립에 그 목적이 있었다고 보는 것이 타당하다. 김일성으로서는 갑산파를 그냥 두면 자신의 친동생인 김영주가 주도해 이제 막 시작한 김일성 유일사상체계가 시작부터 흔들릴 수 있다고 생각한 것으로 보인다.

당시 국제 공산주의 사회에서는 소련과 중국이 공산주의 진행과정에 대한 해석을 놓고 서로 대립하고 있었다.

소련은 사회주의 경제체제가 이룩되면 자본주의에서 사회주의로 이행되는 과도기가 끝나고, 그때부터는 지금까지 이루어진 사회주의 체계가 자동적으로 작동되고, 프롤레타리아 독재는 점차 약화되어 더 이상 필요가 없다는 입장이었다. 이와 더불어 1953년 소련의 독재자 스탈린이 사망하고, 그 뒤를 이어 집권한 흐루쇼프가 스탈린 생전에 진행되었던 스탈린 우상화 작업에 대해 스탈린 격하운동을 전개하기 시작했다.

반면에 중국의 모택동은 이런 소련의 입장을 수정주의자라고 비판하며, 완전한 공산주의 단계에 이를 때까지 계급투쟁과 프롤레타리아 독재가 계속되어야 한다는 입장을 보였고, 모택동은 이런 이론적 배경 아래 문화혁명을 유발하기도 했다.

문화혁명이란 중국에서 1966년부터 1976년까지 모택동을 중심으로 이루어진 사회주의 운동이다. 모택동과 모택동을 추종해 개인적인 숭배를 조장하는 세력들이 자신들의 권력 장악을 위해 급진적이고 과격한 중·고등학생과 대학생들로 구성된 홍위병이란 집단을 내세워 자신들의 적으로 규정한 중국 혁명원로, 전문가, 지식인, 민주인사들을 고문하고 학대하고 처형한 사건이다. 현재 중국 주석 시진핑의 아버지인 중화인민공화국의 개국원로 시중쉰도 문화혁명의 희생자가 되어 16년이라는 긴

세월 동안 감옥생활을 포함해 온갖 고초를 겪은 것으로 알려져 있다. 문화혁명으로 시진핑 주석 자신도 반동의 자식이란 낙인이 찍혀 옌촨현에서 7년 동안 토굴생활을 하게 된다.

이와 같은 소련과 중국의 공산주의 이념투쟁 사이에서 김일성은 소련을 우경 수정주의로, 중국을 좌경 교조주의로 양쪽 모두를 비난하는 한편, 마르크스-레닌주의의 창조적 적용을 주장하면서 김일성 자신의 유일사상체계를 확립하려고 했다.

김일성은 자신이 세운 김씨 왕조를 공고히 하기 위해 마지막 걸림돌인 북한 노동당 권력서열 4위인 박금철을 중심으로 한 갑산파를 숙청한다. 갑산파 숙청이 마무리되면서 갑산파 숙청 때 힘을 합쳤던 동생 김영주와 아들 김정일은 김일성에 대한 충성경쟁을 하게 된다. 이후 김영주와 김정일은 김일성에 대한 절대 우상화 작업을 경쟁적으로 전개하면서 김일성의 후계구도와 관련해 권력투쟁을 벌이기 시작한다.

1969년 김일성은 빨치산 강경파를 숙청한다. 빨치산 강경파들은 1968년 1월 21일 특수훈련을 받은 민족보위성정찰국 소속의 124군 부대 무장공비 31명을 한국으로 침투시켜 청와대 기습사건을 일으킨다. 같은 해 10월 30일과 11월 1일 그리고 11월 2~3일에 걸쳐 15명씩 8개조로 편성된 120명의 무장공비들을 경상북도 울진군 고포해안으로 침투시켜 울진·삼척 무장공비 침투사건을 일으키는 등 한국에 대해 극단적인 무력 군사 행동을 감행하였다.

김일성은 갑산파를 제거한 뒤, 자신의 절대권력에 도전할 가능성이 있는 민족보위상 김창봉, 총참모장 최광, 대남총국장 허봉학 등 빨치산 강경파들을 미국의 푸에블로호 공해상 나포사건(1968년 1월 23일 미국의 정보수집함인 푸에블로호가 승무원 83명을 태우고 동해 공해상에서 비무장 상태로 정보를 수집 중, 북한의 초계정과 미그기의 위협사격을 받고 북한에 나포된 사건)과 한국의 울진·삼척 무장공비 침투사건 그리고 청와대 기습사건 등에 대해 지나친 모험주의적 행동을 했다는 책임을 물어 숙청한다. 김일성은 빨치산 강경파들을 숙청한 후, 자신이 통제하기 쉬운 최현과 오진우를 민족보위상과 인민군 총참모장으로 발탁한다.

1972년 5월 한국의 박정희 전 대통령이 중앙정보부장 이후락을 밀사로 평양의 김일성에게 보내 남북 간에 7·4남북공동성명이 발표된다. 그 내용은 통일에 대해 외세의 간섭을 배격하고, 남과 북이 무력사용을 배제하며, 평화통일을 해야 하고, 사상과 이념이나 제도에 관계없이 하나의 민족으로 민족단결을 추구하고, 남북적십자회담을 개최하고, 남북 사이의 긴장을 완화하고 신뢰 분위기를 조성하는 것 등이다.

1972년 12월 27일 김일성은 북한의 헌법 개정에 따라 국가주석 겸 국방위원회 위원장에 취임한다. 우연히 한국에서도 박정희 전 대통령의 장기집권의 길을 열어놓은 유신헌법이 1972년 11월 21일 국민투표를 통과해 1972년 12월 27일 공포되었다.

1974년 김일성은 조선노동당 중앙위원회를 개최해 그동안 후계자의 물망에 올랐던 동생 김영주를 당 사업에 의욕이 없으며 자신을 제대로 보필하지 못한다고 비판하며, 아들 김정일을 조선노동당 정치위원회 위원에 임명한다. 이로써 김정일은 노동당 조직비서 겸 조직지도부장, 선전담당 비서 겸 선전선동부장에 더해 정치위원회 위원이 되면서 김일성의 후계자로 확정된다.

이후로 김정일이 형식상으로는 북한 권력서열 2인자이지만, 실제적으로 북한 통치 권력은 김정일이 행사하게 된다.

김정일은 김일성에게 보고되는 모든 서류를 자신이 먼저 검토한 후, 자신의 허가가 있는 경우에만 김일성에게 보고하도록 했다. 김정일은 이렇듯 모든 정보를 파악해 실제적인 권력을 행사하면서 아버지 김일성을 신격화하는 작업을 본격적으로 시도한다. 김일성을 신격화하면서 신의 아들인 김정일 자신의 권력을 공고화하고 정당화하겠다는 의도이다.

1990년과 1992년에는 김일성이 일으킨 6·25사변의 절대적 후견국인 소련과 중국이 한국과 국교수립을 하게 된다. 김일성은 공산주의 종주국으로부터 배신당한 것이다.

1993년 김일성은 아들 김정일에게 국방위원장직을 위임한 후 1994년 7월 8일 심근경색으로 사망한다.

김일성은 1985년 12월 핵 보유 국가가 아닌 경우에는 새로 핵무기를 보유하는 것을 금지하고, 핵 보유 국가는 핵 보유 국가가 아닌 국가에 대해 핵무기를 양여하는 것을 금지하는 조약인 핵확산금지조약(NPT, Nuclear Nonproliferation Treaty)에 가입한 뒤, 1993년 3월 NPT 탈퇴를 선언한다. 이후 김일성이 영변 핵시설 단지에서 폐연료봉 재처리를 시도해 핵무기를 만들 조짐을 보이자, 미국의 클린턴 정부는 영변 핵시설에 대해 정밀 선제폭격을 계획하였으나 전면전 가능성 때문에 실행에 옮기지 않게 된다.

이와 같은 북한 핵 위기로 인해 1994년 6월 15일부터 18일까지 4일간 지미 카터 전 미국 대통령은 개인 자격으로 북한을 방문해 김일성을 만나게 된다. 김일성은 지미 카터에게 "미국 정부가 유엔에서 추진하고 있는 대북제재를 중단한다면 북한도 핵개발을 동결하겠다"고 제안하면서 북한의 핵무기 개발에 대한 미국과 북한 사이의 긴장관계가 완화되기 시작했다. 그러나 20일 후 김일성은 심근경색으로 사망하게 된다.

김일성 사망 후 후계자 김정일은 1994년 11월 1일 핵 활동을 동결하겠다고 선언했으나, 2002년 12월 12일 핵 활동 동결 해제를 발표하고, 2005년 2월 10일 핵무기를 보유하겠다고 선언한다. 이후 김정일은 2011년 12월 17일 사망하기 전까지 2006년 10월 9일과 2009년 5월 25일 두 번에 걸쳐 핵실험을 실시했으며, 김정일의 아들 김정은은 2013년 2월 12일, 2016년 1월 6일 그리고 2016년 9월 9일 세 번에 걸쳐 핵실험을 하며 한반도를 핵전쟁의 위험 속에 몰아넣고 있다(박요한, 2016).

한편 김일성은 지미 카터와의 회담에 이어 1994년 7월 25일 한국의 김영삼 전 대통령과 평양에서 남북 정상회담을 개최하기로 예정되어 있었다. 하지만 김일성은 김영삼 전 대통령과의 남북 정상회담을 17일 앞두고 사망한다.

김일성은 1994년 5월 병명은 분명하지 않지만 눈 수술을 받았으며, 체력이 많이 저하되었음에도 불구하고 미국 전직 대통령을 맞아 준비하느라 스트레스가 많았다고 한다. 수술과 스트레스, 그리고 김영삼과의 남북 정상회담 준비도 필요해 더더욱 스트레스가 가중되어 심근경색으로 급사한 것으로 추정된다.

김일성의 여자들 02

1. 김정숙

김정숙은 김일성의 첫 번째 부인이자 김정일의 어머니이고, 김정은의 친조모이다.

1917년 12월 24일 함경북도 회령에서 출생했고, 1949년 9월 22일 김정일, 김만일, 김경희에 이어 네 번째로 가진 아이가 자궁외임신이 되어 그 후유증으로 사망한 것으로 전해진다.

김정숙은 1933년 열여섯 살 때 공산청년단에 가입해 1935년 항일유격대에 입대한다. 입대 후 김일성의 빨치산 부대에서 취사와 세탁 일을 주로 맡았으며, 1940년 김일성의 빨치산 동료였던 최현의 주선으로 김일성과 결혼한다.

김정숙과 결혼하기 전, 김일성은 자신보다 두 살 많은 1914년생인 한성희라는 인물과 결혼했었다는 소문이 있으나 정확한 사실은 아니다.

김정숙은 글을 읽고 쓰는 데 어려움이 있는 문맹자였으며, 성격이 거칠었고 사격을 잘했다고 한다. 김정숙의 과격한 성향으로 김일성과 사이는 별로 좋지 않지만, 김일성이 위기에 처했을 때 목숨을 구해 주었다고 한다. 현재 북한에서는 김정숙을 김일성, 김정일과 더불어 백두산 3대 장군으로 우상화하고 있다.

김정숙은 김일성과 결혼해 김정일, 김만일, 김경희를 낳았다. 세 형제 중 둘째인 김만일은 세 살 때(1947년) 형인 김정일과 김일성 관저에서 놀다가 연못에 빠져 익사한 것으로 전해진다. 이 익사 사건으로 김정일은 아버지 김일성으로부터 '자기 동생을 죽인 놈'으로 낙인찍혀 어린 시절 심한 스트레스를 겪었으며, 하나 남은 여동생 김경희에 대해 유별난 정을 보였던 것으로 전해진다.

김정숙은 김정일과 김경희가 일곱 살, 세 살 때인 1949년 서른두 살의 젊은 나이로 어린 두 아이를 남겨둔 채 사망한다.

김정숙은 죽으면서 빨치산 동료들에게 아들인 김정일이 김일성의 대를 이어 혁명의 지도자가 되도록 잘 키워달라고 부탁했으며, 당시 민족보위상이었던 최용건은 김정숙의 추도사에서 김정숙의 뜻을 받아들여 김정일이 김일성의 후계자가 되도록 적극 지원하겠다는 의사를 밝혔다고 한다.

김정일은 어머니 김정숙이 자궁외임신 후유증으로 죽은 것을 추모해 1980년 7월 평양 대동강 구역 동문일동에 2만 평 정도의 병원 부지에 북한이 자랑하는 의료기관 중 하나인 평양산원을 개원했다.

2. 김성애

1924년 12월 29일 평안남도 강서군 출생으로 농촌 집안 출신이라고 알려져 있다. 김성애는 평양 여자사범학교를 중퇴했으며, 6·25사변 직전 인민군에 입대해 김일성 집무실 서기로 일하게 된다.

김성애는 김정숙과 사별한 김일성과 1953년 결혼해, 김정일의 이복동생들인 김평일, 김영일 그리고 김경진을 낳는다.

당시 김성애는 김일성 관저에서 친정어머니인 고영칠과 함께 살며, 의붓자식들인 김정일과 김경희를 구박하지 않고 잘 대해 주었다고 전해진다.

김성애는 김일성과 결혼한 이후 1954년 조선민주여성동맹 순안군위원장, 1957년 중앙호위부 비서, 1965년 조선민주여성동맹 중앙위원회 부위원장, 1971년 조선민주여성동맹 중앙위원회 위원장이 되었으며, 1980년 조선노동당 중앙위원회 위원으로 선출되는 등 김일성의 후광으로 북한 권력의 중심에 서게 된다.

하지만 의붓아들인 김정일과의 권력다툼에 패한 뒤 모든 권력을 잃게 되는데, 특히 1994년 김일성 사후에는 형식적으로 김일성 국가장의위원회 위원과 1995년 오진우 국가장의위원회 위원이 되었으나, 김정일에 의해 1998년 여성동맹 위원장에서 해임되고, 2010년 노동당 중앙위원회 위원에서도 해임된다. 이후 행적에 대해서는 알려져 있지 않다.

03 김정은 아버지 김정일

1940년 김정일의 아버지 김일성은 동북항일연군 소속 동료 20여 명과 함께 일본군의 토벌을 피해 소련으로 도피하게 된다. 이들은 소련의 하바롭스크 근교에 주둔해 있는 소련군 88여단에 배속되고, 김정일은 1942년 2월 16일 그곳 병영에서 태어난 것으로 확인되고 있다.

김정일의 어린 시절 소련식 이름은 유라였다고 한다. 김일성은 자신의 이름에서 '일'자를, 부인 김정숙의 이름에서 '정'자를 따서 정일이라는 이름을 지었다고 한다.

하지만 북한은 김정일의 하바롭스크 출생설을 부인하고, 김일성의 항일 무력투쟁 비밀기지였던 양강도 삼지연군에 소재한 백두산 밀영에서 태어났다고 주장하고 있다.

북한이 김정일의 출생지를 백두산 밀영으로 강력히 주장하는 것은, 김일성이 중국공산당이 주도한 동북항일연군 소속으로 항일 무장투쟁을 만주에서 한 것이 아니라, 한민족의 성스러운 산인 백두산을 중심으로 조선 국내에서 독자적으로 조선인민혁명군이라는 항일 무장단체를 결성해 일본을 몰아내고 조선의 독립을 쟁취했다고 선전하기 위해서이다. 이렇게 선전해야 김일성의 독자적인 항일 무장투쟁을 내세워 김일성 정권의 정당성을 주장할 수 있고, 김정일은 이러한 역사적 배경을 가지고 태어났기 때문에 당연히 김일성의 대를 이어 김씨 왕조의 계승자가 되어야 한다는 논리를 전개할 수 있기 때문이다.

김일성은 김정일이 북한 국내가 아니라 소련 하바롭스크에서 태어났다고 하면, 김정일이 김씨 왕조의 두 번째 통치자로서 정통성이 떨어진다고 생각한 것 같다. 미국 44대 대통령 버락 오바마도 출생지가 미국이 아니라 아프리카라는 확인되지 않은 소문으로 인해 반대파들로부터 대통령 선거운동과 집권기간 내내 곤욕을 치르기도 했다(장경준, 2011).

김일성이 중국공산당이 주도한 동북항일연군에 소속되어 만주에서 항일 무장투쟁을 한 것과 국내에서 보천보전투를 지휘한 것은 사실로 보이지만, 그 무장투쟁의 규모는 아주 소규모에 불과하다. 이에 대해서는 김일성 자신도 "우리 빨치산들이 항일 무장투쟁한 것을 다소 과장되게 말하는 측면도 있지만, 그래도 항일 무장투쟁을 한 것은 맞는데, 남쪽에서는 자기들은 우리만큼도 하지 않았으면서 너무 우리를 깎아내리는 것 같다"는 언급을 한 적이 있는 것으로 알려져 있다.

김일성은 심지어 김정일의 출생지라고 주장하는 백두산 귀틀집 뒤에 있는 산봉우리를 정일봉이라고 직접 명명했다고 한다. 북한은 이 귀틀집과 정일봉의 높이 차이가 김정일의 생일인 2월 16일과 숫자적으로 동일한 216미터라고 하는데, 이는 숫자의 일치를 이용해 김정일의 백두산 밀영 출생을 신비화하려는 의도인 것으로 생각된다. 북한은 김정일의 출생지를 백두산 밀영으로 주장하면서 이곳을 신성시하는 작업을 지속적으로 진행하고 있다.

김일성은 1945년 9월 빨치산 동료들과 소련 블라디보스토크와 북한 원산을 경유해 평양으로 귀환했고, 두 달 뒤인 1945년 11월 김정숙은 세 살 된 김정일과 한 살인 김만일을 데리고 소련 하바롭스크를 떠나 북한으로 귀국한다.

1946년 김정일은 평양 남산유치원에 입학한다. 당시 김정일은 조선어를 제대로 못해 소련어를 하는 아이와 친하게 지냈다고 한다.

1949년 김정일은 평양 남산인민학교에 입학한다. 같은 해 9월 22일 어머니 김정숙이 김정일, 김만일, 김경희에 이어 네 번째 가진 아이가 자궁외임신이 되면서 그 후유증으로 사망한다.

김정일은 1942년 출생 당시 소련의 하바롭스크 병영에서 김정숙이 빨치산 일원으로 군사 활동을 하고 있었기 때문에 어머니의 따뜻한 보살핌을 제대로 받기 어려웠을 것으로 추정된다. 1945년 8월 15일 일본의 무조건 항복으로 김정일 일가가 소련을 떠나 북한으로 귀국한 이후에도 이런 상황은 지속된다. 아버지 김일성과 어머니 김정숙이 복잡하게 얽혀 있는 국내 정치상황에서 권력 장악에 급급해 김정일을 제대로 돌볼 여유가 없었기 때문이다. 이와 같은 분위기에 더해서 1947년 김일성 관저에서 함께 놀던 동생 김만일이 연못에 빠져 익사하고, 2년 뒤인 1949년에는 어머니 김정숙이 사망해 일곱 살 어린 나이의 김정일로서는 극복하기 힘든 과도한 스트레스를 경험한 것이다.

특히 연이어 일어난 동생 김만일과 어머니 김정숙의 사망은 어린 김정일로 하여금 '나와 가까이 지내는 사람들은 결국 나를 이 세상에 남겨두고 영원히 떠나버린다'는 버림받는 환상을 가지게 했다고 볼 수 있다. 실제로 이 버림받는 환상은 김정일이 친구의 형수였는데도 불구하고 청소년 시절부터 첫 사랑의 대상이었던 연상의 여자 성혜림 그리고 두 번째로 사랑한 고용희와의 사별로 현실화된다.

김정일은 이런 이유로 겉으로는 원로 빨치산들을 포함해 일부 가까운 사람들에게 예의를 갖추고 정감 있게 대해 주는 것처럼 보였지만, 사실은 이별과 배신당하는 마음의 상처를 피하기 위해 평생 누구와도 쉽사리 인간적인 관계를 깊게 맺지 못했던 것으로 생각된다.

1950년 김일성이 6·25사변을 일으켜 한국을 공격하자 한반도는 전쟁의 수렁에 빠지게 된다. 미군을 주력으로 한 UN군의 반격으로 전황이 김일성에게 불리하게 되자 김정일과 여동생 김경희는 잠시 친척 집을 거쳐 김일성의 동생 즉, 김정일의 작은 아버지인 김영주의 보호 아래 만주 길림성으로 도피하고, 김정일은 만주 길림학원으로 편입해 2년 동안 다니게 된다.

1952년 전쟁이 장기화되면서 고착상태에 빠지자, 김정일은 평양으로 돌아와 만경대혁명유자녀학원과 삼석인민학교를 거쳐 1954년 평양 제4인민학교를 졸업한다.

김정일은 이 무렵부터 김일성의 두 번째 부인 즉 자신의 계모인 김성애와 같이 살게 된다. 후일 계모와 의붓아들 간의 권력다툼이 일어나는 서막이 시작된 것이다.

김성애와 김일성 사이에서 딸 김경진(1952년생), 큰아들 김평일(1954년생), 그리고 작은아들 김영일(1955년생)이 출생한다. 김정일은 청소년 시절, 이복형제들과 친형제처럼 잘 지냈던 것으로 알려져 있지만, 전략적 능력이 뛰어난 김정일이 자신의 생존을 위해 당시 의도적으로 취했던 행동으로 생각된다.

김정일은 후일 계모 김성애와의 권력투쟁에서 이긴 후, 세 명의 이복형제들을 김씨 왕조의 곁가지들로 몰아 모두 국외로 추방한다.

1954년 김정일은 평양 제1초·고급중학교에 입학해 중학교 3년 과정과 고등학교 1년 과정을 마친 뒤, 1958년 한국의 고등학교 과정에 해당하는 남산고급중학교 2학년으로 전학해 1960년 7월 졸업한다.

평양 제1초·고급중학교 당시 김정일은 학교소년단 위원장을 맡는 등 뛰어난 리더십을 보였다고 한다.

남산고급중학교는 노동당의 고위급 간부 자제들이 다니는 학교로, 이 학교를 졸업한 후에는 자신이 원하면 북한의 명문 김일성종합대학을 포함해 어떤 대학이라도 쉽게 진학할 수 있는 학교로 알려져 있다.

김정일은 청소년 시기로 접어들면서 어릴 때의 소극적이고 내성적인 성격에서 점차 적극적이고 외향적인 성격으로 바뀌었다고 한다. 이러한 김정일의 성격변화는 다섯 살 때 같이 놀던 남동생 김만일이 연못에 빠져 익사한 사건으로 인한 죄책감, 그리고 일곱 살 때 어머니 김정숙의 사망으로 인한 극심한 스트레스에서 점차적으로 회복되었기 때문이라고 볼 수 있다.

김정일은 남산고급중학교 재학 중인 1960년 한국에서 4·19혁명이 일어나자 "드디어 남조선 학생들이 일어났다. 이승만은 미국으로 도망갔으니 통일이 눈앞에 다가왔다"며 운동장으로 나가 종을 쳐 전교생을 집합시킨 뒤 김일성 광장으로 행진하며 대열 앞에 서서 "미제는 즉시 남조선에서 물러가라"는 등의 선동적인 구호를 외쳤다고 한다. 당시 김정일이 주동한 남산고급중학교 학생시위는 4·19 혁명 때 북한에서 일어난 최초의 시위였고, 다음 날부터 북한 전역에서 관제시위가 벌어졌다고 한다. 이런 사실로 볼 때 김정일은 청소년 시절부터 선전선동에 아주 능란하고 자신에게 기회가 오면 절대 놓치지 않는 인물이라는 것을 알 수 있다.

김정일은 주변을 선전선동하는 정치적인 모습과는 대조적으로 어린 시절부터 유흥도 상당 수준으로 즐겼다고 한다. 대학교도 들어가기 전인 남산고급중학교 시절 평양 시내 골목 곳곳을 오토바이를 타고 스피드를 즐겼으며, 낚시와 사냥 그리고 축구 등의 운동을 좋아하면서 영화나 음악 등 예술 방면에도 관심이 많았다고 한다. 반면에 학업을 소홀히 해 아버지 김일성으로부터 질책을 많이 받았다고 한다.

김정일은 청소년 시절부터 오토바이를 타면서 스피드를 즐겼는데 성인 시절에는 오토바이뿐만 아니라 자동차 운전과 승마를 하며 지속적으로 스피드를 즐겼다고 한다. 이와 같은 사실은 15년 가까이 김정일의 전속 요리사로 일했던 일본인 후지모토 겐지(2003, 2010)가 자신의 경험을 통해서 밝히고 있다.

일명 '김정일의 요리사'로 알려진 후지모토 겐지는 일본에서 요리사로 일하다 1982년 일본조사사 협회장으로부터 북한에서 1년간 일할 것을 제의받는다. 하지만 상사와의 불화로 1년을 채우지 못하고 일본으로 돌아갔는데, 대우가 좋았던 북한 생활을 그리워하며 1987년 북한에 재입국하여 김정일의 전속 요리사로 일하게 된다. 1988년에는 일본인 본처와 이혼하고 스무 살 아래인 북한 가수 엄정녀와 결혼한다. 이후 평양에 머물면서 김정일의 신임을 받아 김정일의 비밀파티에도 참석하고, 김정일의 자식들인 김정철과 김정은의 놀이상대가 되어주기도 한다. 그렇지만 북한의 실상을 차차 목격하면서 언젠가는 자신도 수용소로 보내질 수 있다는 두려움으로 인해, 2001년 김정일의 음식 준비에 필요한 식재료를 구하러 일본 출장을 가는 것으로 위장해 북한을 탈출한다.

후지모토 겐지는 2003년 『김정일의 요리사』라는 책을 통해 김정일과 그의 가족들 그리고 측근들과의 비밀파티 등을 포함한 김정일의 사생활을 적나라하게 노출시킨다. 또한 2010년 『북한의 후계자 왜 김정은인가?』라는 책을 통해 당시 국내외 상당수 북한 전문가들이 김정일의 후계자는 김정남이나 김정철 또는 장성택이 될 것이라는 예측에 반해, 김정은이 후계자가 될 것이란 사실을 정확히 예측한 인물이다.

후지모토 겐지에 따르면, 김정일은 성인이 된 후에도 오토바이 타는 것을 즐겼다고 한다. 1990년 9월 어느 날, 김정일은 후지모토 겐지에게 오토바이 카탈로그를 보여주며 "이 가운데 나와 후지모토가 탈 오토바이를 골라 표시하도록 해"라고 했다고 한다. 그래서 후지모토 겐지는 김정일과 자신은 키가 작기 때문에 핸들을 편히 잡을 수 있는 배기량 250cc 정도의 오토바이 중, 김정일에게는 혼다 오토바이를 골라주고 자신은 야마하 오토바이를 선택했다고 한다. 당시 김정일 측근 중에 오토바이를 탈 줄 아는 사람은 후지모토 겐지 자신뿐이었다고 한다.

1991년 7월에는 압록강에서 김정일과 함께 수상 오토바이를 타고 있었는데 김정일이 시합을 하자고 해서 후지모토 겐지가 이기자 한 달 후 김정일이 다시 시합을 제안했다고 한다. 김정일의 수상 오토바이를 보니 배기량이 아주 큰 것으로 바뀌어 있어 결국 후지모토 겐지는 시합에 졌다고 한다. 또한 김정일은 백마 타는 것도 즐겼다고 한다. 1992년에는 승마를 하다 낙마해 머리와 어깨에 심한 부상을 입어 의식불명이 된 적도 있다고 한다.

북한의 홍보 영상물에는 백마 탄 김일성 모습이 종종 등장하는데 백마를 타고 항일 무력투쟁했다는 것을 과시하고 싶기 때문이다. 김씨 왕조의 두 번째 통치자인 김정일 또한 김일성처럼 백마 탄 모습을 보이면서 자신이 백두혈통으로 김일성의 항일 무력투쟁 정신을 이어가는 계승자임을 보이기 위한 것이라고 생각한다. 김씨 왕조의 세 번째 통치자인 김정은도 마찬가지로 백마 탄 모습의 영상을 노출시키면서 김일성과의 동일시를 시도하고 있다.

후지모토 겐지에 따르면, 김일성이 사망한 뒤 김정일은 초대소로 이동할 때 미국 정찰위성에 탐지되지 않도록 오직 심야나 새벽에만 움직였다고 한다. 위장을 하기 위해 늘 벤츠 열 대가 함께 이동했지만 김정일의 차는 항상 선두에서 달렸다고 한다.

이런 사실들로 미루어볼 때 김정일은 오토바이나 승마 그리고 자동차 자체의 스피드를 즐기기도 하지만, 지나친 경쟁심으로 인해 누구에게도 지기 싫어하고, 제일 선두에 서서 자신을 드러내는 과시주의 성향이 있으며, 타인과의 승부에서 공정한 규칙을 지키지 않는 반사회적 특성이 있음을 알 수 있다.

1959년 김정일은 남산고급중학교 졸업반 때 김일성을 따라 소련공산당 제21차 당 대회에 참가하기 위해 모스크바를 방문한다.

당시 김일성의 소련 방문에는 김일성 서기였던 황장엽도 수행했다. 황장엽은 북한 주체사상의 최고 이론가로서 김일성종합대학 총장, 노동당 중앙위원, 최고인민회의 의장, 노동당 국제담당 비서, 최고인민회의 외교위원회 위원장 등 북한의 고위직을 두루 역임했지만, 1997년 북한의 김정일 체제에 환멸을 느끼고 중국을 거쳐 한국으로 망명한다.

모스크바 방문 당시 열일곱 살의 김정일에 대한 느낌을 황장엽은 『나는 역사의 진리를 보았다』에서 다음과 같이 회고했다.

나는 김일성을 수행하여 소련공산당 제21차대회에 참가하기 위해 모스크바로 갔다. 당시 김정일은 고급중학교 졸업반이었는데 우리와 동행했다. 나는 김정일이 아버지 김일성을 따라 중앙당 청사에 나오는 것을 몇 차례 본 적은 있어도 직접 만나보기는 처음이었다.

김정일은 내가 김일성종합대학에서 교수를 하다가 온 것을 알고는 특별히 호감을 갖고 대했고, 나 역시 그를 지도자의 아들로서 따뜻하게 대하면서 좋은 관계를 가지려고 노력했다. 김정일은 영리하고 호기심이 많아 나에게 대학의 학과내용에 대해 이것저것 많은 것을 물어왔다. 내가 철학 전문가로서 사회과학이나 문학뿐 아니라 자연과학에 대해서도 약간의 상식이 있다 보니 그의 질문을 대체로 만족시켜 준 것 같았다.

그는 공식행사에 참석하지 않고 숙소에 있을 때가 많았는데, 그럴 때는 내게도 남아달라고 부탁하고는 했다. 그래서 나도 가능하면 그와 함께 남아 얘기를 나누기도 했다. 그와 얘기를 하면서 받은 인상은 그가 어린 나이에도 불구하고 이미 정권에 대한 욕망이 상당히 컸다는 것이다. 그는 아버지를 잘 모시는 일에 특별한 관심을 쏟았다. 아침마다 자기 아버지가 나갈 때 부축을 하고 나서는가 하면 신발을 신겨주기도 했다. 김일성은 당시 47세로 원기왕성하여 부축을 받을 아무런 이유가 없었다. 하지만 김일성은 아들의 부축을 받을 때면 마냥 흡족해했다.

저녁에 김일성이 돌아오면, 김정일은 부관들과 의사, 간호원 등 수행원들을 집합시켜 놓고 그날 있었던 일에 대해 보고를 받고 이런저런 지시를 하곤 했다. 김일성을 수행한 대표단 중에는 정치국원들도 많았는데, 김정일이 김일성의 사업을 직접 관장하고 부관들과 수행원들에게 구체적으로 일을 지시한다는 것은 상식을 초월한 행동이었다.

나는 어쩌면 이 소년이 자기 삼촌을 내쫓고 권력을 승계할지도 모른다는 생각을 가졌다. 하루는 김정일이 소련의 공업농업전람관을 가보자고 해서 그를 데리고 갔는데 기술적인 문제를 자꾸 질문하여 통역하는 데 애를 먹었다. 그래서 나는 웬 기술에 그리 관심이 많으냐고 물었다. 그랬더니 이렇게 말했다.

"아버님께서 관심을 갖고 있는 문제이기 때문입니다."

또 모스크바 종합대학도 가보고 싶어하여 안내를 했는데, 같이 간 소련공산당 조선담당 과장이 김정일에게 아부를 한답시고 한마디했다.

"동무도 고급중학을 졸업하고 모스크바 종합대학에서 공부하시겠지요?"

그러자 김정일이 발끈한 목소리로 대답했다.

"평양에도 김일성종합대학이라는 훌륭한 대학이 있어요. 나는 김일성대학에서 공부할 겁니다."

　모스크바 방문 당시 김정일은 아버지 김일성을 다른 사람들 앞에서 '수상동지'로 호칭하며 각별한 존경심을 보였다고 한다.
　황장엽은 당시를 회고하며 김정일은 성미가 매우 급하고 아랫사람에게 지시할 때는 상당히 엄격했으며, 깊이 생각하는 편이 아니고 감각이 예민하며 감정에 치우치기 쉬운 성격이라고 평가했다.
　이와 같은 황장엽의 예측대로 김정일은 자신의 삼촌 김영주와 계모 김성애와의 권력다툼에서 이들을 제거하고, 1974년 2월 13일 김일성의 후계자 다시 말해 김씨 왕조의 세자로 등극하게 된다.
　1960년 김정일은 김일성종합대학 경제학부 정치경제학과에 입학한다. 김정일이 소련 모스크바종합대학으로 유학 가지 않은 이유는 당시 중국과 소련이 벌인 공산주의 이념에 대한 사상논쟁의 치열한 대립 속에서 김일성이 주체적인 사상을 내세우며 소련을 수정주의로 그리고 중국을 교조주의로 동시에 비판하며, 소련과 중국의 영향력으로부터 벗어나 자신의 독자적인 권력을 강화하려고 하는 아버지의 의중을 파악했기 때문이라고 생각한다.
　또한 황장엽의 회고대로 김정일이 열일곱 살의 어린 나이에 이미 김일성의 권력을 승계하려는 야심이 있었다면, 김정일은 자신의 가장 강력한 경쟁자가 삼촌 김영주라고 생각했을 것이다. 김영주는 모스크바종합대학교 정치경제학과를 졸업하고 모스크바고급당학교 연구반을 수료한 해외유학파이다. 김정일의 입장에서는 삼촌 김영주와 동일한 경력을 쌓기보다는 김일성종합대학에 진학해 국내파로 남으면서, 김일성 옆에서 실무를 경험하고 인정받는 것이 권력승계에 유리하다고 판단한 것으로 생각된다.

김정일은 김일성종합대학 재학 중 북한 대학생들이 의무적으로 참가하는 병영훈련에 참가했다. 병영훈련 중 나무를 깎아 만돌린을 만드는 예술 감각을 보이기도 했지만, 사격에 제일 큰 관심을 보였다고 한다. 실제로 김정일은 사격 솜씨가 상당한 수준이었다고 한다. 후지모토 겐지(2003)에 따르면, 1990년 김정일을 포함하여 15명 정도의 측근과 실탄 권총사격 실력을 겨뤘는데, 김정일보다 사격 솜씨가 앞서는 사람은 없었다고 한다.

이 시기에 김정일의 가장 큰 관심사는 영화에 관한 것이었으며 거의 매일 중앙영화보급소로 출근하다시피 했을 정도라고 한다. 김정일의 영화에 대한 광적인 집착은 1967년 발생한 갑산파 숙청사건 때 김일성의 후계자로 낙점받는 결정적 계기로 작용하였지만, 1978년 한국 여배우 최은희와 그녀의 전 남편인 영화감독 신상옥까지 납치하는 무모한 사건을 일으키는 계기가 되기도 한다.

1967년 김일성의 동생 김영주가 김일성의 후계자로 지명될 가능성이 있자 갑산파는 자신들은 엄동설한에 얼은 감자를 먹는 등 온갖 고생을 하며 항일 무장투쟁을 벌였는데, 김영주는 일제에 맞서 싸운 투쟁경력도 없이 단지 김일성의 동생이라는 이유만으로 권력을 승계하려 한다고 반발한다.

갑산파는 당시 김일성, 최용건, 김일에 이어 북한 권력서열 4위인 갑산파의 지도자 박금철을 김일성의 후계자로 옹립하려고 하였다. 이를 위해 갑산파 소속 선전담당 비서인 김도만은 당시 북한에서 대중의 인기를 끌고 있는 영화를 통해 박금철이 김일성의 계승자라는 분위기를 조성하려고 시도한다. 김도만은 박금철의 항일 무장투쟁을 부각시키는 '일편단심'이란 영화를 제작해 박금철 일가의 항일 무장투쟁 업적을 지나치게 미화시킨다.

갑산파의 이런 움직임은 김일성 자신 이외에는 누구에 대한 개인숭배도 용납하지 않는 김일성의 분노를 폭발하게 만들어 오히려 갑산파가 숙청당하게 된다. 갑산파를 숙청하는 과정에서 김일성은 평양 소재 조선예술영화촬영소에서 회의를 열어 박금철을 미화한 '일편단심'에 대해 신랄한 비판을 가한다. 또한 영화와 관련된 분야에서도 갑산파를 포함한 반당분자들을 철저히 숙청할 것을 지시하면서 누가 당의 혁명적인 사업을 영화를 통해 선전할 것인지를 묻는다.

이때 스물다섯 살에 불과한 김정일이 자원하고 나서자 최용건과 김일 등 빨치산 계열의 김일성 측근들이 김정일을 지지한다. 이후 김정일은 조선예술영화촬영소에서 살다시피 하며 '유격대 5형제', '한 자위단원의 운명', '피바다', '꽃파는 처녀' 등 김일성의 혁명투쟁을 우상화하는 영화를 만들어 김일성과 빨치산 원로들의 신임을 받아 삼촌인 김영주와 계모 김성애와의 권력투쟁에서 유리한 입지를 다지게 된다.

1978년 발생한 최은희·신상옥 납치사건은 영화에 병적으로 집착하는 김정일의 지시를 받은 북한 공작원과 조총련 관계자들이 최은희에게 영화제작 지원을 의논하고 싶다며 최은희를 홍콩으로 유인해 납치하고, 실종된 최은희를 찾으러 홍콩으로 갔던 최은희의 전 남편이자 유명 영화감독인 신상옥까지 납치한 사건이다. 이들은 북한으로 끌려가 비교적 좋은 대우를 받으며 생활하였으며, 북한의 최고위급 인사들만 참여하는 김정일의 생일파티에도 참석했다고 한다.

이들은 북한에서 김정일의 전폭적인 재정적 지원 아래 '돌아오지 않는 밀사', '탈출기', '춘향전' 등 여러 편의 영화를 제작하고, 최은희는 모스크바 국제영화제에서 여우주연상을, 신상옥은 감독상을 받기도 한다. 이들은 북한에서 철저히 감시를 받았지만 김정일과 신뢰관계를 구축한 후 김정일을 설득해 1986년 영화촬영을 핑계로 오스트리아의 빈을 방문하게 된다. 오스트리아 빈에서 이들은 곧바로 미국 대사관으로 도피해 미국을 거쳐 한국으로 돌아오게 된다.

1969년 김정일은 스물일곱 살의 어린 나이로 노동당 조직지도부 부부장과 선전선동부 부부장의 지위에 오르게 된다. 북한의 부부장은 한국의 행정부 차관에 해당하는 고위직이다.

이 무렵부터 김정일은 삼촌 김영주와 계모 김성애와 치열한 권력투쟁을 본격적으로 전개한다.

김정일에게는 친삼촌이 두 명 있었다.

김정일의 첫째 삼촌 김철주는 1916년 생으로, 북한의 선전매체에 의하면 일제에 맞서 소년 혁명가로 활약하다 1935년 6월 항일 무장투쟁 중 전사했다고 한다. 북한은 2016년 김철주가 태어난 지 100년 되는 해를 맞아 "김철주 동지는 참으로 위대한 수령님께 충직한 혁명전사이시었으며 우리 민족이 낳은 훌륭한 아들이시었다"며 김철주를 찬양하는 작업을 대대적으로 하고 있다.

김철주가 형인 김일성의 투철한 항일 혁명사상에 지대한 영향을 받았고, 김정일 또한 자신의 아버지 김일성의 위대한 혁명사상을 계승했으며, 김정일 아들 김정은 또한 이러한 혁명사상을 이어받았다는 것을 강조함으로써 김정은이 북한의 완벽한 지도자라는 것을 북한 주민들에게 세뇌시키고, 또한 김철주가 죽음으로 김일성을 보필했듯이 북한 주민들도 죽음으로 김정은을 보필해야 한다는 의도라고 생각한다.

김정일의 둘째 삼촌은 김영주이다. 1920년 생으로, 소련 모스크바대학교 정치경제학부를 졸업했으며, 김씨 왕조 일족 중에서 첫 번째 해외 유학파 출신이다. 김영주는 김일성의 동생이라는 후광을 업고 1954년 노동당 중앙위원회 지도원을 시작으로 1957년 조직지도부 과장, 1961년에는 조직지도부 부장이 되었으며, 1974년에는 정무원 부총리 직책을 맡았다. 조카 김정일과의 권력투쟁에서 밀려나 1975년 최고인민회의 이후 정계에서 물러났다가 김일성 사망 1년 전인 1993년 부주석으로 복귀했지만 1998년 물러났다. 그 후 최고인민회의 상임위원회 명예부위원장이란 아무런 권한도 없는 직함만 가지고 있다.

황장엽에 따르면, 당시 김정일과 김영주의 권력투쟁은 심각하게 전개되었으며, 김일성은 "영주는 독하지 못한 것이 결함이고, 정일이는 저희 삼촌보다 독한 것이 장점이다"며 자신의 후계자로 동생 김영주보다는 아들 김정일을 선호하는 것 같은 태도를 보였다고 한다. 결국 김일성은 1974년 2월 당 중앙위원회 5기 8차 전원회의에서 동생 김영주에 대해 공개적으로 "사업의욕이 없고 자신을 잘 도와주지 않는다"고 비판하면서 아들 김정일을 후계자로 확정한다. 김영주는 조카와의 살벌한 권력투쟁을 겪으면서 스트레스로 인해 식물성신경부조화증이란 희귀한 질병에 걸려 요양소로 들어가는 신세가 되기도 했다.

김정일이 삼촌 김영주와 권력투쟁을 하고 있는 사이, 계모 김성애는 서서히 자신의 권력을 쌓아가고 있었다.

김성애는 1969년 중앙여성동맹 위원장 직책을 맡게 된다. 중앙여성동맹은 노동당의 외곽조직에 불과했지만 김성애가 위원장이 되면서부터 권한이 강화되기 시작해 북한 전역의 여성들이 가입해 북한에서 가장 회원이 많은 조직체가 되었다. 직장에서 회의를 할 때도 그 직장의 중앙여성동맹 대표는 반드시 회의에 참여시켜야 했다. 당시 북한 신문과 TV에서도 김일성과 같은 크기의 김성애 사진이 보도되기 시작했다.

이런 상황에서 1971년 김일성이 전국 농업대회에서 공개적으로 "김성애의 지시는 나의 지시다"는 말을 해버린다. 이렇게 되자 김성애는 공식적으로 김일성과 거의 동급이 되어버렸다. 김성애는 한 발 더 나아가 김일성의 죽은 부인이자 김정일의 어머니인 김정숙에 대한 숭배사업을 중지시킨다. 김성애는 김일성의 총애를 받기 위해 김일성 일족 우상화 작업에 앞장서는데, 그 일환으로 김일성 어머니 강반석 여사 따라 배우기 운동을 전개한다. 김성애의 의도는 강반석은 우상화하고 김정숙은 격하시켜 그 존재를 없애버리고, 김성애 자신이야말로 강반석을 이어받은 김씨 왕조의 정통성 있는 며느리임을 확실히 인정받으려 한 것이라고 생각한다. 그래야 김성애 자신의 친아들이자 김정일의 이복동생인 김평일이 장차 김일성의 대를 이어 김씨 왕조 두 번째 왕좌를 차지할 수 있다고 생각했던 것 같다.

　김성애는 이를 위해 자신의 친동생인 김성갑과 김성호를 요직에 앉히고, 김정일을 지지하는 원로 빨치산들을 견제하기 시작했다. 김성애는 1973년 9월 중앙여성동맹의 공식회의에서 자신의 의붓아들 김정일에 대해 '정일'이라고 부르면서 의도적으로 무시하며 자신의 힘을 과시했다고 한다. 당시 공식석상에서는 김정일을 '친애하는 지도자 동지' 또는 '친애하는 당 중앙'이라고 호칭했다.

　이런 상황을 예의주시하고 있던 김정일은 원로 빨치산 출신들의 전폭적인 지지를 받는 한편, 자신의 하나뿐인 여동생 김경희의 남편인 당 조직지도부 지도과장인 장성택에게 김성애의 비리를 비밀리에 조사하라고 지시한다. 조사 결과 김성애 본인의 우상화 작업과 측근들의 착복 등 심각한 비리가 드러났다. 그런데 더 심각한 것은 김성애의 동생인 해군사령부 정치위원 김성갑이 누나인 김성애의 권력에 편승해 발호하면서 심지어는 김일성이 인민대학습당을 건축하려고 계획하고 있던 토지에 김성갑 자신과 자신의 어머니가 생활할 대저택을 건축했다는 것이다. 당시 평양의 당 간부는 김성애에게 잘 보이기 위해 신축허가를 내줬다고 한다. 이를 보고받은 김일성은 자신의 권위에 도전하는 김성애를 부정적으로 보기 시작했고, 김성애와 사이가 멀어지게 되었다고 한다.

　김정일은 이 틈을 노려 김일성을 설득하여 김일성은 어쩔 수 없이 김성애에게 근신조치를 내리게 된다. 김정일은 김성애를 권력의 자리에서 끌어내리고 그녀의 측근들을 숙청한다. 그리고 그녀의 자식들이자 자신의 이복형제들인 김평일, 김영일, 김경진을 김씨 왕조의 곁가지에 불과하다며 극심한 견제를 가한 뒤 결국 국외로 추방한다. 김성애는 2014년 사망설이 있었는데 명확하지는 않다.

이로써 김정일은 자신이 김일성의 후계자가 되는데 최대 걸림돌이었던 삼촌 김영주와 계모 김성애와의 권력다툼에서 최종 승자가 된다.

1974년 2월 13일 김정일은 노동당 중앙위원회에서 당과 인민의 지도자로 발표되면서 김일성의 공식적인 후계자로 확고히 정해진다.

김정일은 이제 노동당 정치위원회 위원, 중앙당 조직비서 겸 조직지도부장, 사상담당 비서 겸 선전선동부장 지위에 오르게 되고, 북한의 고위직 인사권과 감찰권을 장악하게 된다. 이때부터 김정일에게는 당 중앙이라는 호칭이 붙게 되고, 김일성에 이어 확고하게 북한 권력서열 2위가 된다. 이후 1994년 7월 8일 김일성이 사망할 때까지 부자지간에 권력을 공유하며, 20여 년에 걸쳐 김씨 왕조의 세자로서 후계자 수업을 받게 된다.

반면에 김정은은 2008년 8월 김정일이 뇌졸중으로 쓰러진 후, 후계자 수업을 본격적으로 시작해 2011년 12월 17일 김정일 사망 후 권력을 승계한다. 김정은은 김정일에 비해 후계자 수업이 상당히 짧았다는 것을 알 수 있다. 김정은의 권력승계 초반기에 살벌한 숙청 등 무질서한 북한의 상황은 김정은의 불안정한 성격 자체의 문제가 가장 크지만, 아버지 김정일의 20여 년에 걸친 후계자 수업에 비해 그 수업 기간이 너무 짧았던 것도 중요한 원인이라고 할 수 있다.

김정일은 권력을 장악하자 아버지 김일성에 대한 신격화 작업을 본격적으로 시작한다. 자신의 아버지 김일성이 신이 되어야 자신도 신의 아들이 되고, 그렇게 되어야 김씨 왕조가 영원히 지속될 것이라는 생각을 가졌다고 볼 수 있다.

김정일은 우선 김일성주의를 선포한다. 황장엽에 따르면, 북한 통치의 기본 사상인 주체사상이나 김일성주의는 실질적으로 차이점은 없는데, 김정일이 김일성에게 아부하기 위해 주체사상이라는 용어보다는 김일성주의를 내세웠다고 한다. 김일성주의에 대한 황장엽의 설명에 따르면, 혁명과 건설은 인민이 주인의식을 가지고 주체적으로 추진해 나가는데, 인민대중의 이익은 김일성 수령이 가장 이상적으로 대표되기 때문에 인민대중의 이익을 옹호하는 입장은 곧 김일성 수령을 옹호하는 입장으로 된다는 궤변으로 통하게 된다는 것이다.

여기서 김일성주의는 한 단계 더 나아가 김일성 수령은 뇌수이고, 당의 심장이고, 인민대중은 팔다리를 의미한다며 김일성 수령을 떠나서는 인민대중이 사회정치적 생명을 유지할 수 없다는 허황된 주장이라는 것이다. 또한 인간의 생명에는 육체적 생명과 사회정치적인 생명 두 가지가 있는데, 육체적 생명은 그의 생물학적 부모로부터 받지만, 김일성주의에서 주장하는 것은 사회정치적 생명은 김일성 수령이 준다는 것이다. 따라서 김일성 수령은 인민대중의 생명의 어버이이기 때문에 선거를 통해서 선출되는 것이 아니라, 자연발생적으로 출현하여 인민대중의 추대를 받게 되는 초자연적인 절대자라는 주장이다.

김일성 수령의 출현은 단 한 번뿐이고 그 다음부터는 김일성 수령에게 가장 충직한 사람이 후계자가 된다는 것이다. 그 후계자에 대한 충성은 이어져야 하며 그래야 김일성 수령에 대한 충성이 영원히 지속될 것이라는 황당한 이론이다. 이러한 김일성주의를 사상적 배경으로 북한에서는 김일성과 김정일에 이어 김정은의 김씨 왕조가 3대째 내려오고 있는 실정이다.

이 무렵 김정일은 김일성 신격화를 위해 북한 전역에 김일성 동상을 세우고 사적지를 건설하며 김일성 일족과 관련된 사실을 날조해 미화한다. 이 중 가장 허무맹랑한 것 중의 하나가 소위 구호나무 발견 운동을 전국적으로 전개한 것이다. 구호나무란 김일성 빨치산 부대가 항일 무장투쟁을 하면서 흔적을 남기려고 나무껍질을 벗기고는 '김일성 장군 만세', '조선독립만세' 문구를 먹으로 써두었다는 나무이다.

황장엽의 의견에 따르면, 먹으로 쓴 글씨가 비바람에 수십 년 견디면서 지금에 와서야 발견되는 것은 불가능한 일이고, 아마도 빨치산들이 회상기를 쓰면서 자신들이 과거에 항일 무장투쟁할 때 칼로 나무껍질을 벗기고 글을 쓴 적이 있다고 회상한 데서 아이디어를 얻어 조작했다는 것이다. 구호나무 사건은 결국 빨치산파의 중심인 김일성의 항일 무장투쟁을 과대포장해 우상화하려는 김정일의 기망행위에 불과하다고 생각한다.

김정일은 특히 백두산에서 '백두산 광명성 탄생'이라는 구호나무가 발견된다고 소문내면서 자신의 출생지가 소련 하바롭스크가 아니라 백두산 밀영이라는 사실을 주장하려고 시도했다. 김정일 자신이야말로 백두산의 정기를 받아 태어난 인물이고 자신이 김일성의 계승자가 된다는 것은 역사적으로 필연적 사실이라는 것을 주장하고 싶었던 것이라고 생각한다.

1980년 김정일은 당 정치국상무위원, 당 중앙위비서, 당 중앙군사위원이 된다. 이후 김정일은 북한의 모든 정치와 경제 그리고 군사에 대한 정보 보고체계를 장악해 반드시 자신을 거쳐 김일성에게 보고하도록 했다. 만약 이를 어길 때는 유일 지도체제에 대한 도전으로 간주해 엄격한 처벌을 가해 후계자로서의 지위를 확고히 하려고 했다.

1983년 아웅 산 묘역 폭파사건이 발생한다. 김정일은 아웅 산 묘역 폭파사건은 북한이 저지른 테러가 아니라고 항변한다.

한국의 전두환 전 대통령은 1983년 10월 9일 버마(현재의 미얀마)를 공식 방문하던 중, 버마의 수도 랑군(현재의 양곤)에 위치한 버마 독립운동의 영웅인 아웅 산 묘역을 참배할 예정이었다. 이에 대한 정보를 사전에 입수한 북한은 인민무력부 정찰국 소속 공작원 신기철과 김진수 그리고 강민철에게 테러를 지시한다. 이 테러로 인해 한국의 경제부총리 서석준과 수행공무원 그리고 기자를 포함해 17명이 현장에서 사망하고 수십 명이 중경상을 입었다. 다행히 전두환 전 대통령은 위기를 모면하고 모든 일정을 취소하고 한국으로 귀국한 사건이다.

이후 북한은 한국의 자작극이라고 주장하며 자신들의 소행을 강력하게 부인했다. 1997년 한국으로 망명한 황장엽이 쓴 회고록 『나는 역사의 진리를 보았다』에 따르면, 북한 권력 내부에서 일하는 사람들은 이런저런 경로를 통해 아웅 산 테러사건은 북한이 저지른 또 하나의 테러라는 것을 알고 있었으며, 한국에 대한 테러나 파괴행위는 김정일의 지시 없이는 불가능하다고 서술하고 있다.

1987년 대한항공기 폭파사건이 발생한다. 1987년 11월 29일 이라크바그다드를 출발해 서울로 향하던 대한항공 858편이 미얀마 안다만 해역 상공에서 북한 공작원 김승일과 김현희에 의해 공중폭파되어 탑승객 115명 전원이 사망했다. 당시 한국 정부는 이 사건은 김정일이 88서울올림픽을 방해하기 위해 일으킨 테러라고 발표했다. 하지만 북한은 한국이 1987년 12월 16일 시행된 제13대 대통령선거에서 노태우 후보를 당선시키려고 시도한 한국의 자작극이라고 주장했다.

황장엽은 1997년 한국으로 망명 후 김현희를 만났는데, 김현희는 자신이 북한에서 대외조사부 소속이었다고 신분을 밝혔다고 한다. 북한의 대외조사부는 제3국에 주재하면서 대남활동을 하는 부서로 알려져 있다. 황장엽은 대한항공기 폭파사건도 김정일의 지시에 의한 테러였음을 자신의 회고록에서 확실히 서술하고 있다.

1991년 김정일은 조선인민군 최고사령관의 지위에 오른다. 김정일이 조선인민군 최고사령관이 되면서 이제까지 김일성과 김정일의 공동통치는 끝나고 북한의 통치권력은 김정일 1인에게 집중된다. 이후 김일성은 아들 김정일의 정치 자문 역에 불과하고, 외교관계 영역에서나 북한을 대표하는 형식적 역할만 맡게 된다. 황장엽에 따르면, 김일성은 이 무렵부터 3년 뒤 사망할 때까지 아들 김정일의 눈치를 보면서 살았다고 한다. 1992년 2월 16일 김일성은 아들 김정일의 50번째 생일을 맞아 김정일을 찬양하는 송시까지 써서 헌사했다고 한다.

송시의 내용은 다음과 같다.

백두산 마루에 정일봉 솟아 있고

소백수 푸른 물은 굽이쳐 흐르누나
광명성 탄생하여 어느덧 쉰 돌인가
문무충효 겸비하니 모두 다 우러르네
만민이 칭송하는 그 마음 한결같아
우렁찬 환호소리 하늘땅을 뒤흔든다

송시 내용을 분석해 보면, 김일성 자신이 빨치산 투쟁의 근거지로 그렇게 주장하던 한민족의 영산인 백두산을 강조하고, 그중에서도 정일봉을 특히 강조해 아들 김정일이 빨치산 혁명정신을 태생적으로 이어받았다는 것을 부각시켰다. 백두산의 산과 대치되는 물의 자연스런 흐름을 김정일로의 통치권력 계승이 자연스럽다고 강변하는 것으로 보인다.

김정일을 상징하는 하늘의 광명성을 표현하면서 하늘과 땅(백두산)과 물(소백수)의 이 세상 모든 자연과 우주도 김정일의 권력승계를 당연한 것으로 받아들인다는 의미인 것 같다. 또한 여기에 더해 지식이 풍부해 당 관료들을 잘 통솔하고, 인민군 지휘에 능통하니 인민대중이 김정일을 북한의 유일 통치자로 떠받드는 것은 너무나 당연하다는 것을 표현한 것이라고 생각한다.

1994년 7월 8일 김일성이 심근경색으로 사망한다. 김일성이 사망하자 김정일은 조선인민군 최고사령관 직책으로 '김일성 수령님은 죽지 않고 우리들 마음속에 살아 있다'고 선전하면서 '우리 인민들은 김일성 수령님의 통치를 계속 받고 있다'는 김일성 유훈통치를 시작한다.

하지만 곧이어 1995년부터 대기근이 발생해 1998년까지 지속되면서 고난의 행군이 시작된다. 하루 평균 쌀 권장 소비량은 약 600그램인데 김일성 사망 전까지는 1인당 약 620그램 정도의 쌀을 배급했다고 한다. 그런데 고난의 행군이 시작되면서 하루 1인당 100그램 정도를 배급했다고 하는데 그나마 배급이 없는 날도 있었다고 한다. 1997년 황장엽의 망명에 의해 알려진 바에 따르면, 당시 북한에서 한 해에 50만 명에서 100만 명 정도가 기아로 굶어 죽었다고 한다. 김정일은 이런 상황을 해결하기 위해 개혁과 개방정책으로 북한 주민들의 삶의 질을 향상시킬 생각은 하지 않고, 오히려 선군정치를 외치면서 모든 정책에서 인민군 우선 정책을 펼치며 군대의 충성을 강요해 자신의 안전만을 생각했으며, 국가안전보위부를 동원해 북한 주민들의 불평과 불만을 철저히 감시하도록 했다.

김정일은 김일성이 사망하고 극심한 불안상태에 빠졌던 것으로 보인다. 후지모토 겐지(2003)는 당시에 김정일이 상당히 고민하는 모습을 보였다면서, 하루는 김정은의 어머니인 김정일의 세 번째 부인 고용희가 권총을 앞에 놓고 있는 김정일을 보고 놀라서 "당신, 무슨 생각을 하는 거예요?" 하며 고함을 친 적도 있었다고 한다.

김정일은 김일성 사망 후 유훈통치와 선군정치를 앞세워 자신의 통치력을 확고히 다지려 했지만, 대기근 발생으로 북한 경제가 극도로 침체되어 주민들의 불만이 쌓여가자 이를 극복하고자 할 수 없이 미국과 대화의 길로 나아간다.

1992년 5월 국제원자력기구(IAEA)는 핵폭탄 개발의 의심이 가는 북한에 대해 핵사찰을 실시한다. 핵사찰 결과와 북한이 신고한 플루토늄의

양이 일치하지 않자 국제원자력기구는 영변 핵시설에 대해 특별사찰을 요구한다. 이에 맞서 북한이 1993년 3월 국제원자력기구의 요구로부터 벗어나기 위해 핵확산금지조약(NPT) 탈퇴를 선언하자 미국은 북한 핵시설에 대한 폭격까지 언급한다. 이런 상황에서 1994년 10월 21일 김정일은 핵개발을 단념하는 조건으로 미국으로부터 경수로 원자로 발전소 2기와 매년 50만 톤의 중유를 제공받는 것과 정치경제적으로 상호간에 원만한 정상화를 추진한다는 등의 미국과 북한 사이의 비공개 제네바합의를 하게 된다.

이로써 북한 핵문제가 일시적으로 봉합된다. 김정일은 제네바합의를 보고받고, 미국의 클린턴 대통령이 자기에게 항복문서를 보내왔다고 당 간부들에게 자랑했다고 한다. 이런 김정일의 벼랑 끝 전술로 인해 김정일 통치기간 내내 미국과 한국은 외교적으로 고초를 겪게 된다. 김정일이 항복문서 운운하며 스스로를 과대평가하고 주변에 지나치게 자신을 과시하는 양상은 김씨 왕조 세 번째 통치자인 김정은에게서도 그대로 볼 수 있는 정신병리의 한 행태이다.

1997년 10월 8일 김정일은 아버지 김일성의 삼년상을 마무리하면서 노동당 총비서에 취임한다. 1997년 12월 한국의 대통령 선거에서 새정치국민회의 김대중이 신한국당 이회창을 누르고 제15대 대통령에 당선된다. 1998년 2월 김대중 정부는 출범하면서 대북 유화정책인 일명 햇볕정책을 시행한다. 이런 분위기 속에서 1998년 11월 18일 한국 관광객들이 남북 분단 후 처음으로 북한의 금강산을 관광하게 된다.

1999년 김정일은 제1연평해전을 유발한다. 제1연평해전은 1999년 6

월 15일 서해 연평도 인근에서 북방한계선(NLL)을 넘어 한국 영해를 침범한 북한 함정에 대해 한국 함정의 반격으로 일어난 남북 해군 간의 군사적 교전이다. 이 해전에서 북한 어뢰정 1척이 침몰되고 경비정 1척이 대파되며 북한군 50여 명의 사상자가 발생했으며, 한국의 고속정과 초계함도 일부 손상되고 한국 해군 7명이 부상당한다.

2000년 김정일은 김대중 대통령과 남북정상회담을 개최한다. 2000년 6월 13일부터 6월 15일까지 평양에서 2박 3일간 김정일은 김대중 대통령과 남북정상회담을 진행하고 마지막 날 6·15남북공동선언을 발표한다. 내용은 통일문제의 자주적 해결, 1국가 2체제의 통일방안 협의, 이산가족 문제의 조속한 해결, 경제협력을 비롯한 남북 간 교류의 활성화, 김정일의 서울 방문 등이다.

김정일은 남북정상회담을 이용해 식량난과 석유 등 에너지 부족 문제를 해결하고, 한국으로부터 달러 지원의 실속을 챙겨 경제적 궁핍으로부터 벗어나는 계기를 만들면서 자신의 통치체제를 굳건히 하게 된다. 김대중 대통령은 지구상 유일한 냉전지역인 한반도에 평화를 조성하는 노력을 보임으로써 2000년 12월 10일 노르웨이 오슬로에서 한국인 최초의 노벨상인 노벨 평화상을 수상하게 된다.

2002년 김정일은 제2연평해전을 유발한다. 2년 전 남북정상회담으로 평화적인 분위기의 지속 하에서 느닷없이 2002년 6월 29일 서해 연평도 해상에서 한국의 북방한계선을 침범한 북한 경비정 2척이 한국 고속정 참수리 357호를 공격해 25명의 사상자가 발생한다. 한국 해군의 반격을 받은 북한 경비정 1척이 화염에 휩싸이자 나머지 1척과 함께 북한 해역으로 퇴각했다. 이 날은 2002년 한국과 일본이 공동개최한 제17회 월드컵축구대회 최종일 하루 전 날이었고 4강까지 오른 한국은 축제 분위기에 휩싸여 있었다.

이 사건은 김정일의 예측 불가한 성격으로 발생했으며, 의심 많은 성격의 소유자인 김정일이 김대중 정권의 햇볕정책을 시험해 본 것이라고도 볼 수 있다. '남한의 김대중 정권이 내가 건드려도 그래도 정말 햇볕정책을 지속적으로 시행할 것인지 한 번 도발해 반응을 보자'며 시도한 사건이라고 생각한다.

이처럼 김정일은 남을 의심하는 편집증상으로 인해 측근들에게 "누가 나의 적인지 알 수 없어 잠을 편히 잘 수 없으며 가끔 악몽을 꾼다", "철통같이 뭉친 군대와 당원 300만 명만 있으면 어떤 일이 있어도 우리 공화국은 건재하다"는 말까지 했다고 생각한다.

2004년 4월 22일 평안북도 용천군 용천역에서 대규모 폭발로 150여 명이 사망하고 1,300여 명의 중경상자가 발생하는 사건이 발생한다. 원인은 질산암모늄을 실은 열차와 유류 수송열차의 충돌로 고압전선이 절단되고, 그 절단된 고압전선이 유류 수송열차에 불꽃을 일으켜 대규모 연쇄폭발이 발생한 것으로 전해진다.

이 사건은 김정일에 대한 암살사건일 수도 있다는 의문이 제기되었다. 이에 대해서 곤도 다이스케(2015)는 『시진핑은 왜 김정은을 죽이려는가』에서 다음과 같이 서술하고 있다.

2004년 4월 19일 김정일이 중국을 방문했을 때, 중국 정부의 간부에게서 이런 정보를 들었다. "위원장님 암살계획을 입수했습니다. 중국 정부 기구가 확실한 정보원으로부터 얻은 정보입니다. 중국 국내의 경비를 최대한 강화하고, 압록강까지는 중국 정부가 책임을 지고 전송하겠습니다. 그러나 만일의 상황을 고려하여 신변 안전에 만전을 기하십시오." 기겁을 한 김정일은 중국 정부와 협의하여 귀국시간을 8시간 앞당겼다. 그런데 4월 22일, 북·중 국경에서 북한으로 20킬로미터 들어간 용천 지역에서 대규모 폭발사고가 일어났다. 반경 500미터 이내의 건물이 모두 날아가버린 대참사였다. 이 폭발 사고가 일어난 시각은 정확하게 김정일 위원장이 탑승한 '1호 열차'가 용천역을 통과하기로 되어 있던 시각이었다. 김정일의 일정을 관리했던 김용삼 철도상은 그 후 처형당했다.

이 사건 이후 김정일은 측근들을 의심하는 편집증상이 더욱 악화된 것으로 알려졌다.

한국의 노무현 대통령과 북한의 김정일은 2007년 10월 2일부터 10월 4일까지 평양에서 제2차 남북정상회담을 개최한다. 정상회담 결과 6·15 남북공동선언의 고수 및 적극 구현, 남북 간 상호존중과 군사적 적대관계 종식, 남북 간 항구적 평화체제 구축 등의 선언문을 채택했다.

김정일은 2008년 8월 여자 고사포부대를 시찰한 후 일체의 공개활동을 하지 않아 건강상 문제가 있을 것이라고 국내외 전문가들에 의해 추정되었다.

2년 뒤인 2010년 10월 10일 노동당 창건 65주년 기념식에 나타난 김정일의 모습은 이전과 현격한 차이를 보였다. 왼쪽 다리를 절었고, 왼쪽 팔의 동작이 자연스럽지 않았으며, 왼쪽 손을 주머니 속에 넣고 있었다. 손뼉 칠 때도 마비가 온 것으로 추정되는 왼쪽 손을 아래에 두고 오른쪽 손으로 내려치는 양상을 보이기도 했다.

이런 사실을 바탕으로 의학적으로 추정해 보면, 김정일은 2008년 8월 뇌졸중으로 인해 대뇌 우측에 손상을 입었을 것이라고 추정해 볼 수 있다. 또한 오른쪽 뺨의 검은 반점이 이전에 비해 크기가 상당히 커진 것으로 미루어볼 때 신장기능에도 문제가 생겼던 것 같다. 신장기능에 문제가 생기면 혈액 속에 있는 요소질소(urea nitrogen)를 신장이 제대로 배출하지 못해 과다해진 요소질소로 인해 검은 반점의 범위가 넓어질 수 있다.

김정일은 건강이 악화되자 아들 김정은을 후계자로 염두에 두고, 이 무렵부터 본격적으로 후계자 수업을 시킨 것으로 생각된다.

2010년 김정일은 천안함 침몰사건과 연평도 포격사건을 유발한다.

천안함 침몰사건은 2010년 3월 26일 서해 백령도 인근 한국 해역에서 한국의 초계함인 천안함이 북한의 연어급 잠수정으로 추정되는 잠수정에 피격되어 침몰한 사건이다. 이 사건으로 한국 해군 40명이 사망했으며 6명이 실종되었다.

연평도 포격사건은 천안함 침몰사건이 발생한 지 8개월 만인 2010년 11월 23일 북한이 서해 연평도를 무차별적으로 선제 포격해, 한국 해병대가 K9 자주포로 반격한 사건이다. 이 사건으로 한국 해병대원 2명이 전사하고 16명이 중경상을 입었으며, 민간인도 2명이 사망하고 3명이 중경상을 입었다. 한국의 반격으로 인한 북한의 피해상황은 알려지지 않았다. 연평도 포격사건은 6·25사변 휴전협정 이후 북한이 한국을 포격해 민간인이 사망한 최초의 사건이다.

천안함 침몰사건과 연평도 폭격사건은 김정일이 뇌졸중으로 쓰러진 뒤 다소 회복된 후, 김정은을 후계자로 정하고 후계자 수업의 일환으로 저지른 사건으로 알려진다. 김정일은 김정은에게 한국과 미국을 다루는 방법에 대해, 한국과 미국 사이를 이간질시켜 한국을 미국의 군사적 보호로부터 분리시키고, 그다음 한국의 북한 동조세력을 활용해 한국 내부를 분열시켜 무력화한 뒤, 북한의 의도대로 한국을 좌지우지하면서 미군을 철수시키고, 최종적으로 남북한을 김씨 왕조의 손아귀에 넣어야 한다는 것을 주지시켰을 것으로 판단된다.

이 두 사건은 결국 김정일이 설계하고 김정은이 수행한 사건이라 할 수 있다. 북한에서는 김정은을 포병 전문가로 선전하고 있는데, 특히 연평도 포격사건은 김정일이 북한의 포 부대를 동원해 연평도를 포격하게 해 김정은이 확고한 김정일의 계승자라는 것을 북한 군부에 각인시키고 싶어 일으킨 사건으로 볼 수 있다. 김정일은 김정은이 북한 군부를 장악해야 후계과정이 순조로울 것이라고 생각했을 것이다. 그렇게 하려면 군부에 김정은이 한국에 대한 군사공격을 주저하지 않는다는 모습을 보여줄 필요가 있다고 생각했을 것이다.

2011년 12월 17일 김정일이 예순아홉 살의 나이로 사망한다. 김정일은 김일성 탄생 100주기가 되는 2012년에 강성대국을 이룩하겠다고 대내외적으로 선전해 왔다. 김정일은 2012년에 강성대국을 이룩해 후계자로 결정된 김정은에게 사회경제적으로 안정된 북한을 상속하려고 계획한 것으로 보인다.

강성대국을 이룩하려면 경제적인 문제가 선결되어야 하는데 이를 위해 김정일은 3가지 경제목표를 설정한다. 주체섬유 개발과 주체철강 개발과 그리고 희천발전소 완공이다. 이 중 주체섬유 개발과 주체철강 개발은 결국 실패하고 만다. 그나마 희망을 갖고 김정은에게 완공을 맡긴 희천발전소 건설마저 제대로 진척되지 않고 있다는 상황을 파악한 김정일은 사망 하루 전날 심한 스트레스를 받았다고 한다. 이 스트레스가 뇌졸중의 후유증과 만성신부전(chronic kidney disorder)으로 혈액투석(hemodialysis)을 받고 있던 예순아홉 살 김정일의 건강상태를 급속히 악화시켜 심근경색으로 사망한 것으로 추정된다.

김정일의 여자들   04

김정일에게는 네 명의 부인이 있었다.

첫 번째 부인은 친구의 형수로 유부녀였던 다섯 살 연상의 성혜림이다. 일곱 살의 어린 나이에 자신을 이 세상에 두고 떠난 어머니 김정숙에게서 받지 못한 모성애를 보완해 준 여자라고 할 수 있다. 두 번째 부인은 김일성이 직접 선택한 김씨 왕조의 공식적인 며느리이자, 유일하게 격식을 제대로 갖추어 결혼식을 올린 김영숙이다. 세 번째 부인은 김정일 자신이 진정으로 사랑했다고 회상한 김정은의 어머니 고용희이다. 네 번째 부인은 고용희 사후 김정일이 동거한 마지막 부인 김옥이다.

이들 네 명 외에 홍일천이라는 여자도 거론되는데 홍일천의 존재에 대해서는 명확하게 알려진 것이 없다.

1. 성혜림

성혜림은 1937년 1월 24일, 경상남도 창녕군에서 대대로 만석꾼 집안 출신인 아버지 성유경과 평안남도 진남포 출신으로 집안은 가난했으나 동경유학을 한 어머니 김원주 사이에서 1남 3녀 중 둘째 딸로 태어났다.

성혜림의 아버지 성유경은 김원주를 만나기 전 열네 살 때 이미 조혼을 했으나 이혼하고 김원주와 재혼한다. 성유경은 보성고보를 졸업하고 동경유학을 거쳐 해방 후 남로당 중앙위원으로 있다가 자진 월북했다.

성혜림의 어머니 김원주는 평양여고를 졸업하고 동경유학을 한 후 민족주의 잡지인 개벽의 기자를 거쳐 공산주의 활동에 전념해 남조선 민주여성동맹 문화부장을 지내기도 했다.

성혜림에 대해서는 1996년 서방으로 망명한 그녀의 언니 성혜랑이 자서전 『등나무집』에서 다음과 같은 내용을 상세히 서술하고 있다.

성혜림은 1949년 서울사범부속 소학교를 졸업하고, 풍문여자중학교에 입학했다. 1950년 6·25사변이 나자 성혜림은 풍문여자중학교 2학년 재학 중에 서울을 점령했던 인민군이 패주할 때, 공산주의자인 어머니 김원주를 따라 평양을 거쳐 압록강을 건너, 만주 동북지역의 목단강 지구 신안진으로 도피해, 그곳에서 소개공민 11년제 중학교를 다녔다. 6·25사변이 소강상태에 접어들자 평양으로 돌아와 평양 제3여중으로 편입한다. 당시 열여섯 살의 성혜림은 길 가던 사람들이 걸음을 멈추고 쳐다보는 미모와 미끈한 체격의 소녀였다고 한다. 1952년 평양 제3여중을 졸업하고 김일성종합대학 예비과에 입학했으나 중퇴하고 주변의 권유에 따라 평양예술학교를 입학해 1956년 졸업한다.

평양예술학교를 졸업한 열아홉 살의 성혜림은 조소문화협회 위원장이자 작가동맹 위원장인 이기영의 맏며느리가 된다.

성혜림의 시아버지인 이기영은 월북 작가로 『땅』, 『두만강』 등의 작품으로 노동당의 인정을 받아 평양에 거주하며 풍족한 생활을 누린 것으로 전해진다.

성혜림이 이기영의 아들 리평과 결혼할 즈음 성혜림의 집안은 리평 집안과 달리 경제적으로 상당히 곤궁했다고 한다.

결혼 후 1년 정도 지나 성혜림은 하루에 문화선전성 문을 16번이나 밀고 다니며 교섭한 어머니 김원주의 필사적인 지원 아래 문화선전성 산하의 연극영화대학에 유부녀 대학생이 된다. 당시 북한에서는 유부녀를 대학에 받지 않는다는 원칙이 있었는데 이 원칙을 깨고 성혜림이 유일하게 유부녀 대학생이 되었다고 한다.

성혜림은 연극영화대학 졸업반 때 '분계선 마을에서'란 영화의 주인공으로 출연하게 되었고, 이 영화를 관람한 김일성이 영화를 높이 평가한 이후 '온정령', '백일홍' 등에 출연할 기회를 가져 북한에서 유명 배우가 되었다고 한다.

김정일은 어린 시절 이미 성혜림을 만난 적이 있다고 한다. 열네 살의 김정일이 남산고급중학교 재학 시절, 자신의 친구인 이기영의 둘째 아들을 만나러 이기영의 집을 종종 방문했는데, 이때 김정일은 친구의 형수인 성혜림을 알게 되었다고 한다.

이후 몇 년이 지나 성혜림은 평양예술영화촬영소에서 영화를 즐기던 김정일과 만나게 된다. 김정일이 성혜림에게 관심을 보이면서 성혜림은 공훈배우가 되고, 노동당 입당이 허용되고, 해외 영화축전에도 참가하는 등 상당한 혜택이 주어졌다고 한다.

성혜림에게는 리평과의 사이에 딸이 한 명 있었지만, 1967년 김정일은 성혜림을 이혼시키고 비밀리에 동거를 시작했다고 한다. 김정일은 당시 계모 김성애와 권력투쟁을 벌이고 있었는데 유부녀와 동거한다는 사실이 김성애를 통해 김일성에게 보고되면, 김일성으로부터 부정적 평가를 받아 후계구도에서 밀릴 수 있기 때문에 비밀리에 동거한 것이다.

성혜림은 김정일과의 사이에서 1971년 5월 19일 김정일의 장남 김정남을 낳지만, 김일성에게 며느리로 인정받지 못한다. 1973년 김정일은 김일성이 자신의 며느리로 내정한 김영숙과 공식적으로 결혼하게 된다. 김정일 여동생 김경희는 유부녀였던 성혜림이 오빠 김정일과 동거하는 것을 처음부터 못마땅하게 생각했다고 한다. 심지어 김경희는 성혜림에게 "언니는 우리 오빠보다 나이도 많고 한 번 결혼해서 애도 딸린 여자니까 정남이는 내가 키울 테니 나가시오, 노후는 보장해 주겠소"라며 막말을 퍼붓기도 했다고 한다(이한영, 2004).

고용희의 등장으로 김정일의 관심에서 더욱 멀어진 성혜림은 불안과 불면 등의 신경증적 증상과 극심한 우울증에 빠져 1974년 이후 소련 모스크바에서 요양하며 외롭게 지내다가 2002년 5월 18일 쓸쓸히 사망하였다.

성혜림 일가족의 이야기는 한 가족이 풍비박산 나는 한 편의 슬픈 드라마를 연상케 한다.

남쪽 만석꾼의 아들로 공산주의에 물든 아버지 성유경은 자진 월북했지만, 남로당 출신이자 부르주아지였다는 이유로 북한에서 제일 밑바닥 계층으로 전락하게 된다. 어머니 김원주는 북쪽 출신의 열렬한 공산주의

자였지만 동경유학파 출신의 인텔리겐치아로 비판받고 노동당으로부터 버림받는다. 성혜림이 김정일과 동거할 때는 성유경과 김원주는 어느 정도 김정일의 보살핌을 받지만, 성혜림이 김정일의 관심 밖으로 벗어나자 성혜림 가족들에 대한 김정일의 보살핌도 차츰 사라지게 된다.

성혜림보다 네 살 많은 오빠 성일기는 6·25사변 전인 1949년 봄, 함경북도 회령에 소재한 남조선 단기양성 유격대 훈련기관인 제3군관학교를 거쳐, 그 해 가을 태백산 유격대로 남쪽으로 내려왔다가 생포된 뒤 전향해 한국에 정착한다.

성혜림보다 두 살 위의 언니 성혜랑은 성혜림을 대신해 조카 김정남의 양육자 역할을 하다가 1996년 스위스에서 미국으로 망명한다.

김정남과 평양에서 함께 생활했던 성혜랑의 아들 이한영은 1982년 스위스를 거쳐 한국으로 망명한다. 그는 1996년 『대동강 로열패밀리 서울 잠행 14년』이란 책을 써 김정일의 사생활과 북한 권력 내부를 적나라하게 드러냈다. 이와 관련해 이한영은 북한으로부터 테러와 암살 위협에 시달리다가 1997년 2월 15일 남파된 북한 공작원으로 추정되는 2인의 범인에 의해 저격되어 10일 뒤 사망했다. 성혜랑의 딸 이남옥은 1992년 미국으로 망명했다.

김정일이 장남 김정남을 후계자로 지목하지 않은 이유에 대해서는 추후 서술하겠지만, 우선 여러 이유 중 하나가 위에 언급한 김정일과 동거하기 전에 이미 전남편 리평과의 사이에 딸 한 명이 있는 유부녀였던 성혜림 문제를 포함해 그녀의 일가족 행적과 관련되어 있다고 생각한다.

김정남의 외조부 성유경과 외조모 김원주의 출신성분, 이모와 외사촌들의 한국과 미국 망명, 김정일의 편집증으로 인해 유부녀였던 성혜림이 낳은 자식이 '과연 내 친자식일까?'라는 의심 등으로 비록 김정남이 장남이지만 김정일 자신의 후계자로 내세우는 것은 한계가 있다고 판단했을 것이다.

2. 김영숙

김정일과 성혜림의 동거 사실을 모르고 있던 김일성은 김정일이 결혼할 기미를 보이지 않자, 김정일이 서른두 살 때인 1974년 김정일 집무실의 타자수였던 김영숙과 결혼시킨다.

김영숙은 김정일의 다른 세 여자 즉, 성혜림과 고용희 그리고 김옥과 다르게 김일성으로부터 공식적인 며느리로 인정받았으며 또한 공개적으로 결혼식을 올린 유일한 부인이다.

김영숙과 김정일 사이에는 1974년 생인 김설송과 1976년 생인 김춘송이라는 두 딸이 있는 것으로 알려져 있다.

김일성은 1971년 생인 김정남의 존재를 김정남이 다섯 살이 될 때까지 모르고 있었으며, 김설송을 첫 번째 손주로 알고 있었다고 한다. 김일성은 첫 손주를 귀여워하며 김설송이라는 이름도 직접 지어줬다고 한다.

김영숙에 대해서는 알려진 것이 거의 없다. 성혜림의 언니 성혜랑의 자서전 『등나무집』에는 김정일이 김영숙과 결혼하던 날, 동생 김경희가 김정일과 성혜림이 동거하던 집으로 오빠 김정일을 데리러 온 상황을 다음과 같이 묘사하고 있다.

정남이가 세 살 때 혜림이는 병이 났다. 이 무렵 자기 아버지(김일성)로부터 정일이 장가가라는 지시가 떨어졌다. 혜림은 그(김정일)에게 결혼할 것을 권고했다. 그래야 아이(김정남)를 뺏기지 않고 숨어 키울 수 있다고 생각한 것이다. 혜림이 세 살 난 아이(김정남)를 업고 마당에 있는 복숭아나무 밑에 있는데 정일의 여동생 경희가 왔다. 오빠를 데리러 왔다는 것이다. 오빠의 색시감을 맞아들이기 위해서인 듯이 암시를 하며… 그때까지만 해도 김 비서(김정일)는 그런 못할 짓을 혜림의 면전에서 할 수가 없었다. 그날이 '잔칫날'인 줄 알았으련만 지도자는 낮잠만 자고 있었다. 경희가 왔다니까 등을 돌리고 돌아누웠다. … "가자요, 오빠, 가자요." 공주(김경희)는 시쁙해서 오빠를 채근했다. 그녀는 정일을 깨워 데리고 갔다. … 혜림은 아들을 업고 살구나무 옆에 어정쩡히 서 있었다. … 여자(김영숙)를 맞아들였는지 말았는지 혜림과의 생활은 변함이 없었건만… 순직하고 외곬이던 혜림은 끝내 못 견뎠다. 불면증, 신경쇠약증, 불안발작, 어머니(김원주)는 그 애(성혜림)를 모스크바로 치료차 떠나보내시었다. 아이(김정남)는 어머니가 전적으로 맡으셨다.

3. 고용희

고용희는 김정일의 세 번째 부인으로 1953년 6월 16일 태어나 2004년

5월 24일 유방암으로 사망한 것으로 전해진다.

김정일과의 사이에서 2남 1녀가 있는데, 1981년생인 김정철과 1984년생인 김정은 그리고 1989년생인 김여정이다.

고용희는 1953년 일본 오사카에서 태어난 것으로 알려져 있다. 1962년 재일조선인 북송사업 때 가족과 함께 북송선을 타고 북한으로 건너가 1971년 만수대예술단에 입단하여 무용가로 활동하게 된다. 1975년 무렵, 김정일의 비밀파티에 파트너로 참석하기 시작해 1976년부터 김정일과 동거한 것으로 전해진다.

고용희의 아버지 고경택은 제주도 북제주군 출신으로 1929년 일본 오사카로 건너가 히로타 군복공장에서 공장 간부로 일한 친일행위자로 추정되고 있다. 이와 관련해 북한 주민들 사이에 김정은이 '백두혈통이 아니라 후지산 줄기'라는 소문도 있다고 한다.

고용희의 다섯 살 아래 여동생 고용숙은 북한 김책공업종합대학에서 전자공학을 전공한 남편 리강과 함께 1998년 스위스 주재 미국대사관을 통해 미국으로 망명했다. 고용숙 부부는 망명 전 스위스에서 북한 외교관으로 위장해 약 2년간 김정은의 보호자 역할을 한 것으로 전해진다.

북한은 김정일이 2011년 12월 17일 사망한 후 뒤를 이어 북한의 통치자가 된 김정은의 등장과 더불어 2012년 초 고용희를 미화하는 '위대한 선군 조선의 어머님'이라는 영상물을 제작해 고용희 우상화 작업을 시도했다. 목적은 영상매체를 통해 김정은의 증조모 강반석, 조모 김정숙에 이어 고용희를 자연스럽게 김씨 왕조의 적법한 며느리로 부각시켜 김씨 왕조의 정통성 있는 며느리인 고용희가 출산한 김정은이 김씨 왕조의 적법한 승계자라는 사실을 대내외적으로 선전하는 데 있다고 볼 수 있다.

이후 북한은 고용희에 대한 우상화 작업을 중지하는 것 같은 태도를 보였지만, 김정은은 어머니 고용희의 묘소를 2012년 5월 무렵 조용히 평양 대성산 구역에 대규모로 조성한 것으로 알려졌다. 김일성과 김정일 부자의 시신이 안치된 금수산태양궁전에서 불과 4킬로미터 떨어진 장소이다.

북한은 2016년 11월 16일 어머니날을 맞아서 김정은의 증조모 강반석에 대해서는 "혁명의 먼 길에 큰 걸음을 떼라고 김일성 수령님을 떠밀어 주시던 강반석 어머님의 강인한 모습을 이 나라 어머니들은 언제나 마음속 깊이 안고 산다"며 찬사를 보냈다. 또한 김정은의 조모 김정숙에 대해서도 "조선의 위대한 어머니이신 김정숙 동지는 혁명가로서, 인간으로서 한 생을 어떻게 살며 투쟁해야 하는가 하는 숭고한 모범을 보여주신 세계 진보적 여성들의 훌륭한 귀감"이라는 찬사를 보냈다. 이처럼 김정은의 증조모 강반석과 조모 김정숙에 대해서는 찬사를 보내며 우상화하면서, 김정은의 어머니인 고용희에 대해서는 일체의 언급이 없었다.

고용희 우상화 작업이 중지된 이유는 우선 고용희가 북송 재일교포 출신이라는 것이다. 북한에서 재일교포를 보는 시각은 상당히 부정적이다. 그래서 한국에서 일본 사람을 '쪽발이'라 비하해 부르듯이, 북한에서는 북송 재일교포를 '째포'라고 비하해 부른다. 한반도가 일본 제국주의의 통치를 받을 때 항일운동에 참여하지 않았다는 것과 일본에 살면서 자본주의에 물들어 반사회주의 사상을 가졌다고 보기 때문이다. 김정은은 어머니 고용희가 북송 재일교포 출신이라는 것 외에도 만수대예술단 무용수 출신에 불과하고, 1996년부터 2년 정도 김정은 자신을 스위스에서 돌봐준 이모 고용숙이 북한을 배신하고 미국으로 망명한 탈북자라는 사실들을 고려해, 어머니 고용희의 우상화 작업을 잠정적으로 중지한 것으로 보인다.

고용희의 개인적인 사생활이나 북한 통치자 김정일의 부인으로서 공적 생활에 대해서는 한국에 알려진 바가 거의 없다.

1974년부터 성혜림은 불안, 불면, 우울 등으로 인한 신경정신과적 문제가 심각해져 전문적인 치료를 위해 모스크바에 장기간 머무르게 되었다. 성혜림은 김정일보다 다섯 살 연상이었고, 딸이 한 명 있는 유부녀였으며, 순종적인 고용희와 달리 김정일에게 고분고분하지도 않았다. 그리고 김정일은 공식적으로 결혼식을 올린 김영숙에 대해서는 여자로서의 매력을 느끼지 못했던 것으로 추정된다. 이와 같은 이유로 혼자 있기 힘들어 하는 김정일은 1976년부터 자연스럽게 고용희와 동거를 시작한 것으로 생각된다.

김정일이 일곱 살 때 어머니 김정숙이 자궁외임신 후유증으로 사망했기 때문에 김정일은 모성애를 충분히 경험할 기회가 없었다. 그래서 다섯 살 연상의 여인 성혜림과 동거하면서 자신이 충분히 받지 못한 모성애를 갈구했을 가능성이 있다. 또한 어머니 김정숙이 김정일 자신의 잘못된 행동으로 인해 자신이 벌을 받아 어머니가 영원히 떠나버렸을 수도 있다는 환상 때문에 연상의 성혜림을 무의식적으로 어머니 김정숙과 동일시하여 성혜림에게 잘해 주면 자신의 잘못이 없어지고, 어머니 김정숙이 자신의 환상 속에서 부활할 수 있다는 환상을 갖고 성혜림과 동거했을 수도 있다.

이런 측면에서 보면, 김정일에게 연상의 성혜림은 심리적으로도 부담 있는 존재이고, 자신보다 아홉 살 어리면서 자신을 하늘처럼 생각하는 고용희는 부담 없는 존재로 여겨졌다고 생각된다.

고용희의 성격이나 사회생활에 대해서는 후지모토 겐지가 쓴 『김정일의 요리사』와 『북한의 후계자 왜 김정은인가?』를 통해서 그나마 짐작할 수 있는 정도이다.

후지모토 겐지(2003)는 고용희가 일본의 국민 여배우 요시나가 사유리와 닮은 상당한 미인이라고 했다. 요시나가 사유리는 일본 사립명문인 와세다 대학교에서 서양사학을 전공했으며, 정치사회 분야에 관심이 많은 지적 이미지를 가진 여배우이다. 한국의 여배우 이영애가 일본을 방문했을 때, 일본 언론들은 이영애가 한국의 요시나가 사유리라고 보도했다고 한다. 이런 사실로 미루어볼 때 고용희는 지적 이미지를 가진 상당한 미인으로 추정된다.

후지모토 겐지(2003)는 어느 날 고용희가 김정일의 벤츠를 타고 둘이서 데이트하던 시절 이야기를 주변에 들려주었다고 한다. 두 사람은 드라이브를 하면서 밤새 한국 노래를 들었다고 하면서, 고용희는 1978년 한국대학가요제에서 심수봉이 부른 '그때 그 사람'을 여러 사람 앞에서 직접 불러주기도 했다고 한다. 고용희가 만수대예술단의 무용수 출신이라 예능에 탁월해서 이런 모습을 보일 수도 있지만 성격이 상당히 낭만적이고 개방적인 면이 있다는 것을 알 수 있다.

고용희는 민물고기인 메기로 요리를 잘했으며, 여름에는 옥수수를 재료로 강냉이 국수를 직접 만들어 주변 사람들과 함께 먹을 정도로 음식솜씨가 있으며 소탈했다고 한다. 냄새에 민감한 김정일을 위해 향수를 사용하지 않았으며, 목걸이나 반지 등으로 치장하지 않았고, 옷 색깔도 화려한 것은 삼갔다고 한다. 또한 김정일과 같이 모임에 참석해도 말참견을 하지 않았으며, 밑 사람들에게 고압적인 자세를 취한 적이 없다고 한다(후지모토 겐지, 2010).

고용희는 김정일의 의견을 항상 존중했고, 김정일의 신변안전을 위해 자신을 희생하는 것을 두려워하지 않았다고 한다.

후지모토 겐지(2010)는 1987년 11월 29일 대한항공기 폭파사건이 발생했을 때, 김정일이 자신에게 "후지모토, 이 사건을 우리가 한 것이라고 생각하나?"라고 물어서, 후지모토 겐지가 "그런 짓을 한다고 북한에 무슨 득이 되겠습니까? 국가의 이미지가 나빠지는 일은 하지 않을 거라 생각합니다"라고 대답하자, 고용희가 "그렇죠? 그런 사건이 터질 때마다 항상 우리 탓을 한다니까요"라며 즉각적이고 강경하게 김정일을 옹호했다고 한다.

1980년대 후반, 김정일은 함흥 초대소에서 저녁식사를 마친 후 밖에서 혼자 바람을 쐬다가 자신을 경호하는 부관이 몰래 술을 마시는 것을 목격했다고 한다. 김정일이 그 부관에게 소리를 지르자, 술에 취해 제 정신이 아닌 부관이 김정일에게 얼떨결에 총을 겨누었다고 한다. 그때 그 부관을 고용희가 가로막았다고 한다. 그 후 김정일은 "그때 나는 '내 목숨이 여기까지인가' 하고 생각했어. 정말 당신 덕분에 살았어. 고맙구려" 하는 말을 여러 번에 걸쳐 했다고 한다(후지모토 겐지, 2010).

1994년 7월 8일, 김일성이 사망하자 실의에 빠진 김정일이 정서적으로 불안정한 상태에서 초췌한 모습으로 자신의 집무실에서 책상 위에 놓인 권총을 물끄러미 쳐다보고 있는 모습을 보고, 고용희가 그 권총을 재빨리 치워버린 일도 있었다고 한다(후지모토 겐지, 2010).

    고용희는 낭만적이고 개방적이고 소탈한 편이지만 위의 상황에서 알 수 있듯이 침착하고 냉정하고 강인한 면도 가지고 있는 여자로 판단된다. 다시 말해 외유내강하다는 것이 적절한 표현인 것 같다.

    실제로 김정일과 고용희를 포함해 몇 사람이 누가 가장 물속에서 오래 견디는지 시합을 한 적이 있었는데, 의외로 김정일은 28초밖에 견디지 못했지만 고용희는 1분 50초나 견뎠다고 한다(후지모토 겐지, 2010). 고용희가 인내심이 강하고 경쟁적인 성격의 소유자임을 알 수 있게 해주는 대목이다.

    후지모토 겐지(2010)에 따르면, 고용희는 김정일의 부인일 뿐만 아니라 김정일의 집무를 옆에서 세심하게 챙겨주는 비서 역할도 했는데, 그 업무량이 상당한 정도였다고 한다. 고용희는 2000년 12월 크리스마스를 얼마 남겨놓지 않은 어느날 뇌경색으로 추정되는 원인으로 인해 오른쪽 반신이 마비되어, 평소에 즐겨먹던 자장면을 먹다가 젓가락을 떨어뜨리고 제대로 다시 줍지 못했다고 한다. 그러나 증상이 심하지 않아 프랑스에서 치료받고 후유증 없이 평양으로 돌아왔다고 한다. 후지모토 겐지는 고용희가 김정일을 보필하는 과도한 업무와 1998년 언니 고용숙 일가의 미국 망명으로 인한 스트레스로 마흔일곱 살의 젊은 나이에 뇌경색이 있었던 것이라고 주장하며, 고용희의 사망 원인이 유방암이 아니라 뇌경색으로 인한 것이라고 추정했다.

고용희의 사망 원인에 대해서 저자는 후지모토 겐지의 추정에 동의하지 않는다. 후지모토 겐지(2010)에 따르면 고용희는 1993년 유방암으로 프랑스에서 수술받은 적이 있다는데, 2004년 5월 24일 유방암으로 사망했다고 알려진 것으로 볼 때, 저자는 고용희가 1993년 발병된 유방암의 재발로 사망한 것으로 추정한다. 1993년 발병된 유방암에 대해 프랑스에서 1차적인 수술은 제대로 받았을지 몰라도, 아무리 고용희가 북한 통치자 김정일의 부인이라고 하더라도 북한의 열악한 의료 환경으로 볼 때, 2차적으로 제대로 된 방사선치료나 항암치료를 받으면서 재발에 대해 적절한 의료행위가 이루어졌는지에 대해서는 의문이 가기 때문이다.

김정일은 자신이 사망하기 한 달 전인 2011년 11월 평양산원 부설기관인 유선종양연구소를 설립하라고 지시한다. 연구소에는 유선촬영실, 초음파실, 수술실 및 입원실, 항암치료실 등이 갖춰져 있다고 한다. 마치 고용희가 유방암 치료를 제대로 받지 못해 사망한 것으로 생각하고, 김정일 자신이 사망하기 전에 고용희에 대한 미안한 감정으로 유선종양연구소 설립을 지시했다고 볼 수 있다.

김정일이 2011년 12월 17일 사망하자 김정은은 2012년 7월 연구소 건설상황을 직접 점검하고, 2012년 10월 연구소가 완공되자 한 달 뒤에 준공된 연구소를 시찰했다고 한다. 북한은 "건설 중에 있을 때에도 찾아오시고 새로 건설되었을 때에도 찾아오시어 보건부문에서 유선암을 조기 적발하기 위한 검진체계를 철저히 세우는 데 대하여 가르쳐주시고 환하게 웃으시던 경애하는 원수님"이라며 김정은의 연구소에 대한 관심을 강조했는데, 이는 김정은의 어머니인 고용희의 사망 원인이 유방암과 관련이 있기 때문이라고 판단한다.

김정일은 2002년 자신의 첫 사랑인 첫 번째 부인 성혜림이 사망하고, 2년 만에 자신이 가장 사랑한 여자인 고용희마저 자신의 곁을 영원히 떠나는 상황을 맞이하게 된다.

4. 김옥

김옥은 김정일보다 스물두 살 연하인 1964년 8월 28일 생으로, 금성고등중학교를 거쳐 평양음악무용대학에서 피아노를 전공한 뒤, 왕재산경음악단에서 피아니스트로 활동하다 김정일의 눈에 들어 비서로 발탁되었다고 한다.

고용희와 마찬가지로 김정일의 비밀파티에도 참석했고, 고용희가 뇌경색과 유방암으로 병마에 힘들어하면서부터 고용희가 낳은 아이들 김정철과 김정은 그리고 김여정을 대신 돌봐주는 역할을 했다고 한다.

김옥은 고용희가 직접 "내 뒤를 이어 김정일과 자식들을 보필해 달라"고 부탁할 정도로 거의 친자매처럼 지냈다고 한다.

후지모토 겐지는 『북한의 후계자 왜 김정은인가?』에서 다음과 같이 김옥에 대해 상세히 서술하고 있다.

내(후지모토 겐지)가 1987년에 북한을 재방문해서 김정일의 연회 등에 빈번히 불려 다니게 되었을 때 김정일 옆에 앉아 있는 그녀(김옥)의 모습을 자주 목격하게 되었다. 고용희가 있을 때는 김정일을 중심으로 오른쪽이 부인 고용희, 그 옆이 정은 대장, 그 옆이 옥이 동지 순이었다. 김정일의 왼쪽에는 여정 아가씨, 그 옆에 정철 대장이었다. 부인 고용희가 없을 때는 옥이 동지가 김정일의 오른쪽에 앉았다.

고용희나 옥이 동지가 없을 때가 거의 없었기 때문에 정은 대장이 김정일의 바로 오른쪽 옆에 앉는 일은 거의 없었다. 게다가 식사할 때에도 김정일과 부인 고용희만 사용할 수 있는 프랑스제 최고급 식기를 옥이 동지가 사용하고 있었다. 요컨대 옥이 동지는 제1비서임과 동시에 부인 고용희도 공인한 애인이었던 셈이다.

옥이 동지의 키는 부인 고용희보다 조금 작은 158센티미터 정도이다. 흰 피부에 하얀 이를 드러내며 웃는 얼굴이 무척 매력 있었다. 둥근 얼굴의 청초한 미인이라는 점에서는 부인 고용희와도 공통된 부분이 있어 실로 김정일이 선호하는 타입이라 할 수 있겠다. 옥이 동지는 부인 고용희와 같이 김정일의 집무를 보좌하고 있었는데, 비서로서의 능력이 무척 뛰어났다. PC에도 능통했으며 김정일의 스케줄 관리도 담당했다. 부인 고용희와 함께 김정일이 가는 곳에는 거의 동행했다. 부인 고용희와 옥이 동지의 관계는 내가 본 바로는 그리 나쁘지 않았다. 둘이서 친하게 담소를 나누는 모습을 본 적도 있으며 딱딱하고 날선 분위기는 전혀 느낄 수 없었다. 부인 고용희도 원래는 김정일의 애인이었지 부인은 아니었다.

옥이 동지도 똑같은 길을 가고 있기 때문에 오히려 서로에게 '동지애'

를 느낀 것이 아닐까. 옥이 동지는 정철 대장, 정은 대장, 또 여정 아가씨와도 어릴 적부터 가까이 지내왔기 때문에 그들도 '옥이, 옥이'라고 부르며 잘 따랐다. 아이들에게는 친척보다도 가까운 존재였고 그들도 엄마를 대하듯 했다. 따라서 부인 고용희가 사망했어도 아무 문제없이 관저에서 부인 같은 역할을 수행했을 것으로 보인다. 그리고 정은 대장이 후계자가 된다면 틀림없이 옆에서 든든하게 보좌해 나갈 것이다.

외부에 존재가 알려지지 않았던 김옥은 고용희가 2004년 5월 24일 사망 후, 김정일이 2006년 1월 10일부터 1월 18일까지 8박 9일간 중국을 방문해 후진타오 전 주석과 회담할 때 퍼스트 레이디처럼 행동해 대외적으로 알려지기 시작했다.

후지모토 겐지의 예측대로 김옥은 고용희가 사망한 이후에 사실상 김정일의 부인으로 퍼스트 레이디 역할을 하면서, 2008년 김정일이 뇌졸중으로 쓰러진 뒤, 김정일의 매제인 장성택 그리고 김정일의 여동생 김경희와 함께 안정적으로 체제를 관리하고 김정은을 김정일의 후계자로 만드는 데 관여했다는 주장도 있다.

하지만 후지모토 겐지의 예측과 다르게 김옥은 2012년 7월 김정은의 릉라인민유원지 준공식 참여 당시 김정은 뒤에 서 있는 모습의 사진이 공개된 이후로는 전혀 북한 언론에 노출되지 않고 있다.

이와 같은 김옥의 상황에 대해서 2016년 7월 26일 조선일보는 다음과 같은 내용을 보도했다.

김옥은 숙청돼 친정식구들과 함께 수용소로 보내졌다는 주장이 있다고 한다. 미국 자유아시아방송은 최근 평양을 다녀온 중국 사업가 말을 인용해 "김옥은 김정은이 집권하고 난 뒤 1년도 채 되지 않아 정치범수용소로 보내졌다는 말을 노동당 간부에게서 들었다"고 보도했다. 중국 사업가는 "그녀의 친정 식구도 모두 함께 정치범수용소에 수용되었다고 들었다"면서, "김옥의 남동생인 김균의 안하무인격인 행동과 오만한 태도가 결정적 이유가 됐다고 한다"고 밝혔다. 김옥의 아버지 김효는 노동당 재정경리부 부부장 직위에 있었고, 남동생 김균은 김일성종합대학교 제1부총장 직위에 있었던 것으로 전해진다.

미국 자유아시아방송에 의하면, 북한 국가안전보위부가 김정일이 사망한 뒤 김정은에게 김효의 횡포에 대해 보고했다고 한다. 미국 자유아시아방송은 다른 대북 소식통을 인용해 "북한 체제 속성상 김정은 집권 후 김옥은 어차피 제거될 수밖에 없는 운명이었다"며 "김일성 사망 후 김일성의 둘째 부인 김성애가 조용히 사라진 것만 봐도 쉽게 짐작되는 일"이라고 했다. 북한 전문가들은 김옥을 숙청하지 않으면 고용희의 우상화에 어려움이 예상되고 김정은의 부인 리설주와 동생 김여정의 정치적 행보에 걸림돌이 될 수 있다고 분석했다.

김옥은 2011년 12월 17일 김정일이 사망한 지 불과 4일 후인 12월 21일 자살시도를 했으며, 그 후 2012년 2월 16일 김정일 생일 70회 행사를 마친 다음 날인 2월 17일 두 번째 자살시도를 한 것으로 알려진다.

두 번에 걸친 김옥의 자살시도는 실제로 자살하려는 목적보다는 김정은에게 김정일에 대한 자신의 충성심을 보임으로써, 김씨 왕조의 일원으로 살아남기 위한 처절한 시도로 판단된다.

정말 자살하는 것 자체가 목적이었다면, 두 번째 자살시도에서 좀 더 확실한 자살수단을 선택해 죽었으리라고 생각된다.

김옥과 김정일 사이에 어린 아들이 한 명 있다는 확인되지 않는 소문이 있다. 만약 그 소문이 사실이라면 김옥으로서는 아들의 안전을 위해서라도 김정일에 대한 충성심을 보여 김정은으로부터 살아남기 위해 자살시도를 연극했을 가능성이 높다고 판단된다.

05 김정일의 형제들

  김정일에게는 친동생이 두 명인데 바로 밑의 남동생 김만일은 1947년 김일성 관저 연못에서 익사한 것으로 전해지고, 김만일 밑으로 김경희라는 여동생이 있다.
  김정일과 김만일 그리고 김경희는 김일성과 그의 첫 번째 부인 김정숙 사이의 자식들이다.
  김정일에게는 친동생 이외에도 세 명의 이복형제들이 있는데 김경진, 김평일 그리고 김영일이다. 이들 이복형제들은 김일성과 두 번째 부인 김성애 사이의 자식들이다.

1. 김경희와 남편 장성택

  김경희는 1946년 5월 30일 생으로 김일성과 김정숙의 딸이다. 김정일의 하나뿐인 친여동생으로, 현재 북한의 통치자 김정은의 고모이다.
  김경희는 평양인민학교와 남산고급중학교를 거쳐 김일성종합대학 경제학부 정치경제학과를 졸업했다.

김경희는 1972년 아버지 김일성의 반대에도 불구하고 오빠 김정일의 도움을 받아 김일성종합대학 경제학부 정치경제학과에서 같이 수업을 듣던 장성택과 결혼한다.

이 결혼사건에 대해서 당시 김일성종합대학 총장이었던 황장엽은 『나는 역사의 진리를 보았다』에서 다음과 같이 서술하고 있다.

장성택과 김경희는 경제학부 정치경제학과 학생들이었다. 장성택은 그 반에서 공부를 특별히 잘하는 편은 아니었으나 예술서클 책임자로서 아코디언 연주가 일품이었고, 노래와 춤에도 능했으며 무엇보다도 사리에 밝고 영리했다.

언제부터였는지는 알 수 없지만, 두 사람이 사귀고 있다는 소문이 은밀하게 들려왔다. 얼마 뒤에 그 소문은 김일성의 귀에도 들어갔다. 김일성은 당장 장성택의 가족관계를 조사토록 지시했다. 조사결과 장성택의 아버지 쪽 경력에 문제가 있다는 자료가 나왔다.

김일성은 자신의 계열과는 다른 활동가들을 배척하고 있었기 때문에 화를 내면서 딸(김경희)에게 당장 관계를 끊으라고 했다. 그리고는 동생 김영주(김경희의 작은아버지)에게 어떻게든 두 사람의 관계를 끊어놓으라고 지시했다.

김일성의 지시를 받은 김영주는 나(황장엽)를 불러 사정을 설명하고는 둘이 만나지 못하게 통제해 달라고 했다. 나는 연애를 하는 남녀를 강제로 떼어놓으면 더 만나려고 하는 걸 보아왔기 때문에 김영주의 지시는 그저

적당히 집행하는 척했다. 어쩌다 장성택을 붙잡고 있으라는 지시가 내려지면 할 수 없이 그의 누이 집으로 갔지만, 장성택이 안 들어왔다고 하면 꼬치꼬치 캐묻지 않고 따지지도 않았다.

김경희는 총장실로 나를 찾아와 총장선생이 왜 사랑문제에 간섭하느냐고 항의했다. 나는 그녀가 그저 어린 줄로만 알고 있었는데, 그 일로 매우 당차고 똑똑하다고 느끼게 되었다. 그래서 그녀의 삼촌인 김영주를 만나 김경희에 대한 얘기를 했더니, 김영주도 고개를 절레절레 흔들면서 김경희가 너무 성격이 독해서 오빠인 김정일도 마음대로 다루지 못한다고 했다.

두 사람이 헤어지기는커녕 은밀히 자주 만난다는 걸 알게 된 김일성은 장성택을 김대(김일성종합대학)에서 출학시켜 원산에 있는 경제대학으로 보내도록 지시했다. 김영주의 지시를 받은 나는 더 이상 장성택을 보호할 수 없었다. 나는 장성택에게 아끼던 책을 주면서 공부 잘하라고 격려해 주었다.

나는 그들이 언젠가는 다시 만나 결합할 것을 의심하지 않았다. 결국 내 생각대로 훗날 두 사람은 결혼했다. 이것이 계기가 되어 우리 집과 장성택 부부는 가까운 사이가 되었다.

장성택은 내 아들 경모를 자기 집으로 자주 데려갔으며, 내가 제5차 당대회 토론을 준비하고 있을 때는 사무실로 야참을 가져와 같이 밤을 새우면서 내 원고를 정서해 준 적도 있었다.

장성택의 삼형제는 모두 유능하고 똑똑했다. 그의 맏형 장성우는 군단장으로, 둘째 형 장성길은 군당정치위원으로 근무하고 있었다.

김경희는 1975년 당 중앙위원회 국제부 과장으로 근무하다가 1년 뒤인 1976년에 한국의 차관급인 국제부 부부장으로 승진했다. 1987년에는 한국의 장관급인 당 경공업부 부장이 되었다. 1988년 11월 당 중앙위원회 위원에 선임되기도 했다. 1992년 김일성훈장을 받았으며, 1995년에는 노력영웅 칭호를 받았다.

김경희는 2003년 9월 최고인민회의 제11기 대의원회 이후 2009년 6월 김정일의 현지지도에 수행하는 모습을 보일 때까지 약 6년 정도 북한 언론매체에 모습을 드러내지 않았다.

김경희는 이 기간 동안 남편 장성택과 심한 가정불화가 있었고, 당시 프랑스 유학 중이던 외동딸 장금송이 2006년 8월 스물아홉 살의 나이로 자살한 일 등으로 우울증에다 알코올중독으로 인해 외부 활동을 하지 않았던 것으로 전해진다.

김경희와 장성택의 외동딸인 장금송은 평양에서 대학을 졸업하고 프랑스로 유학을 갔지만, 프랑스 파리 주재 북한 대표부 근처에 기거하면서 가깝게 지내는 친구도 없이 운전기사와 가정부와 함께 사는 무료한 유학생활을 하게 된다. 정서적으로 삭막한 환경 속에서 지내던 장금송은 북한 출신의 유학생과 만나게 되고 결혼을 약속하게 된다.

이런 사실을 알게 된 김경희와 장성택은 딸의 남자친구의 좋지 않은 출신성분을 이유로 결혼을 반대하면서 장금송에게 평양으로 귀환하라고 한다. 이에 좌절을 느낀 장금송은 수면제를 과다 복용함으로써 자살의 길을 택했다고 한다.

김일성이 장성택의 출신성분을 문제 삼아 반대하는 결혼을 강행한 김경희는 장성택과 사이가 좋지 않아 별거상태로 불행한 결혼생활을 한 것으로 알려져 있다. 이런 김경희 입장에서는 딸 장금송이 자신과 똑같은 인생을 반복할 수 있다는 판단 아래 장금송의 결혼을 극구 반대했으리라 생각한다.

2008년 김정일이 뇌졸중으로 쓰러져 신체적으로 허약하게 되자 김경희는 김정일을 적극적으로 보필했다고 한다.

2010년 9월 27일 김경희는 군 경험이 전혀 없는 민간인 신분에서 단번에 인민군 대장 계급을 받아 정치적 영향력을 확대했다. 김경희는 당시 뇌졸중으로 쇠약해진 김정일이 권력세습에 대해 불안해하자, 김정은으로 김씨 왕조 3대 세습을 이루려면 김경희 자신이 '인민군 대장' 계급을 가지고 북한 군부를 통제해야 한다고 오빠 김정일을 강력하게 설득한 것으로 추정된다.

2011년 12월 17일 김정일이 갑작스럽게 사망한 뒤, 김경희는 북한의 권력서열을 대변하는 국가장의위원회 명단에 열네 번째로 올라 남편 장성택과 함께 김일성과 김정일 그리고 김정은으로 이어지는 김씨 왕조 3대 권력세습의 핵심 후견세력으로 떠올랐다.

하지만 2013년 12월 12일 남편 장성택이 김정은에 의해 처형된 이후 공식석상에 나타나지 않고 있다. 2015년 11월 7일 이을설 인민군 원수의 국가장의위원회 명단에도 김경희의 이름은 없었다.

김경희의 남편이자 김정은의 고모부인 장성택의 행적에 관해 자세히 살펴보면 김정은의 정신세계를 파악하는 데 상당한 도움이 될 수 있다.

장성택은 1946년 1월 22일 함경북도 청진시에서 출생해 2013년 12월

12일 조카 김정은에 의해 고사총으로 처형당한다.

장성택의 아버지는 일제하 식민지 시절, 항일운동을 한 경력이 없지만 장성택의 삼촌이 항일 무장투쟁을 한 경력이 있다고 한다. 장성택은 삼촌의 항일 무장투쟁을 배경으로 김일성종합대학 경제학부 정치경제학과에 입학하게 된다.

1972년 장성택은 김일성의 하나뿐인 딸이자 김정일의 여동생이며 김정은의 고모인 김경희와 결혼하게 된다. 이후 장성택은 2013년 12월 12일 조카 김정은에 의해 처형되기 전까지 북한의 당과 군 그리고 행정부에서 초고속 승진을 하게 된다.

장성택은 김경희와 결혼 후 처음에는 조심스런 태도를 보이다가 점차 오만하게 처신하게 된다.

1978년 장성택은 김정일의 비밀파티를 모방해 매주 측근들과 파티를 즐기다 국가안전보위부에 적발되어 즉각 김정일에게 보고된다. 보고를 접한 김정일은 매제인 장성택이 자본주의에 물들었다며 강선제강소 작업반장으로 좌천시켜 혁명화교육을 받게 한다. 강성제강소는 평양에서 자동차로 불과 두 시간 정도의 거리이지만 환경이 아주 열악한 곳으로 알려져 있다. 장성택은 이곳에서 온갖 고생을 했는데 심지어 화상까지 입은 것으로 알려졌다.

당시 김정일의 첫 번째 부인 성혜림이 장성택과 2년간이나 떨어져 있는 김경희를 안타깝게 생각해 김경희에게 의사를 물어보니, 김경희는 잘못을 저질렀으면 마땅히 처벌을 받아야 한다고 냉정하게 말했다고 한다. 그렇지만 성혜림이 김정일을 설득해 장성택은 다시 평양으로 오게 되었다고 한다.

그 후 장성택은 1982년 노동당 청소년사업부 부부장을 맡으면서 다시 고속승진의 길로 접어들어 1985년 노동당 청소년사업부 제1부부장, 1986년 최고인민회의 제8기 대의원, 1988년 노동당 청소년사업부 부장, 1989년 노동당 청년 및 3대혁명소조부 부장, 1990년 최고인민회의 제9기 대의원, 1992년 노동당 중앙위원회 위원, 1994년 7월 8일 장인 김일성이 사망하자 국가장의위원회 위원을 역임한다.

김일성이 사망하고 김정일 체제가 되자 장성택의 승진속도가 더 빨라진다. 김일성 유훈통치 기간 중 대외활동을 보이지 않던 장성택은 1995년 11월 노동당 내 요직인 조직지도부 제1부부장이 되고, 1998년 9월에 최고인민회의 제10기 대의원에 선출된다.

2002년 10월 26일, 장성택은 북한의 경제시찰단 일원으로 서울을 방문했다. 당시 장성택과 시찰단은 서울 지하철, 삼성전자, 코엑스 등을 8박 9일간 둘러봤다. 당시 북한의 시찰단장은 박남기 국가계획위원장이었고 장관급 인사 5명도 시찰단에 포함돼 있었지만 실세였던 장성택 앞에서 모두 쩔쩔맸다고 한다. 장성택은 2003년 9월에 최고인민회의 제11기 대의원으로 선출된다.

장성택은 북한 체육계의 거물이자 역도산의 사위인 박명철 국가체육위원장 딸의 호화결혼식에 자신의 측근들과 대거 참석해 파벌을 조성하고, 권력욕에 의한 분파행위를 했다는 이유로 2004년 2월 직무정지를 당한다.

이 사건은 고용희가 김정남과 가까운 장성택을 견제해, 자신의 친아들인 김정철과 김정은을 보호하려고 자신의 측근들인 노동당 조직지도부 제1부부장 이제강과 이용철을 앞세워 장성택을 음해한 사건이라고 전해진다. 한국의 통일부 장관이었던 정동영이 2005년 평양에 갔을 때 장성택의 안부를 묻자, 김정일은 "남쪽에 가서 폭탄주도 배우고 해서 아파서 쉬게 했다"며 웃었다고 한다.

장성택은 2006년 1월 노동당 중앙위원회 제1부부장이 되면서 다시 권력의 전면에 복귀하며, 이후 김정일의 현지지도에 자주 등장하게 된다. 당시 장성택은 김정일에게 자신은 권력야욕이 없다는 것을 서약하면서 스스로 김정철이나 김정은의 후계자 수업을 도와준 것으로 전해진다. 더군다나 2006년 8월 장성택과 김경희의 외동딸인 장금송이 프랑스 파리에서 자살하자, 김정일은 자신이 죽더라도 자식도 없는 장성택이 김씨 왕조에 반기를 들고 장씨 왕조를 만들지는 않을 것이라는 생각을 한 것으로 보인다.

2007년 12월 장성택은 북한 보위부와 보안부 등을 책임지는 노동당 중앙위원회 행정부 부장이 되고, 같은 날 당 중앙위 수도건설부 부장직도 겸직하게 된다.

2008년 8월 김정일이 뇌졸중으로 쓰러진 후에는 김정은으로의 후계 과정을 총괄하는 후견인 역할을 맡으면서 능력을 발휘해 김정일의 신임을 얻게 된다.

2009년 4월 최고인민회의 제12기 대의원이 되고, 2009년 4월 국방위원회 위원, 2010년 6월 국방위원회 부위원장에 선출되고 내각 부총리에 임명되어 겸직한다. 2010년 9월에는 당 중앙위원회 정치국 후보위원, 당 중앙군사위원회 위원에 임명된다.

2011년 12월 17일 김정일이 사망하자 김정일의 운구차를 호위한 여덟 명 중 한 명이었다. 당시 장성택은 김정은 바로 뒤에서 김정일의 운구차를 호위하면서 북한 권력의 2인자임을 과시했다. 김정일 사망 직후인 2011년 12월 25일 장성택은 김정일의 시신이 안치된 금수산기념궁전에 인민군 대장 군복을 입고 나타난다.

이후 얼마 지나지 않아 사소한 것 같지만 장성택의 앞날을 예측할 수 있는 상당히 의미 있는 한 사건이 알려진다.

2012년 2월 22일 김정은이 경기용 총탄공장 현지시찰 때, 사격훈련 선수들과 감독들이 지급되는 총탄을 빼돌려 사냥용 총탄으로 시장에 내다 파는 행위에 대해 장성택을 향해 손가락질하며 불만을 표출한다.

김정은은 고모부인 장성택을 여러 사람들 앞에서 멸시하는 태도를 보인다. 또한 북한 매체들이 검열 없이 이와 같은 상황을 보도한 것으로 미루어볼 때, 김정은이 장성택에 대해 앞으로 어떤 태도를 취할 것인지 추정할 수 있는 사건이라고 볼 수 있다.

김정은 집권 초기인 2012년에 김정은의 현지지도에 가장 많이 수행한 사람은 장성택으로 그 횟수가 100회가 넘은 것으로 알려진다. 특히 김정은이 집권한 이후 북한의 경제개방과 개혁을 지휘하는 실세가 장성택으로 알려져 있는데, 실제로 2012년 8월 13일에 당과 군 그리고 행정부의 고위급 관료들 40여 명을 이끌고 중국을 방문해 황금평과 나선시 공동개발을 논의하기도 했다.

2013년 11월, 장성택은 스포츠를 통해 국위함양을 도모하는 조직인 국가체육지도위원회 위원장으로 임명된다. 장성택이 공식행사에 마지막으로 모습을 드러낸 것은 2013년 11월 6일이다. 당시 일본의 안토니오 이노키 참의원은 북한과 체육교류를 목적으로 방북해 장성택 등을 만났다.

  2013년 11월 말 무렵, 김정은은 김원홍 국가안전보위부장에게 지시해 장성택을 국가안전보위부 특별구치소에 수감하고 혹독한 고문을 가한 것으로 알려진다.

  2013년 12월 8일 일요일, 김정은은 노동당 중앙정치국 확대회의를 긴급히 소집하여 장성택의 모든 직책을 박탈하고 중대한 직무위반 혐의로 조사한다는 결정을 내린다.

  그 후 4일 만인 2013년 12월 12일 장성택은 국가안전보위부 특별군사재판에서 사형선고를 받는다. 사형선고 당시 차가운 바닥에 꿇어앉은 장성택 앞에서 판결문을 냉혹하게 읽은 사람은 평소 장성택의 지시에 충직했던 김원홍 국가안전보위부장이었다고 한다.

  김원홍 국가안전보위부장은 김정은을 한 번만 만나게 해달라는 장성택의 마지막 부탁을 무시하고, 고사총 100여 발을 난사해 장성택의 신체를 너덜너덜하게 만든 뒤, 화염방사기로 시신을 완전히 소각시켰다고 한다.

  장성택 처형 판결문을 읽어보면 김정은의 비정상적인 성격, 즉 남을 의심하는 편집증, 잔혹하고 가학적인 성격, 분노와 증오로 가득 찬 공격성 그리고 예측 불가한 충동성 등을 파악할 수 있다.

  장성택 처형에 대한 조선중앙통신 원문은 다음과 같다(YTN).

* * *

　조선로동당 중앙위원회 정치국 확대회의에 관한 보도에 접하여 반당반혁명종파분자들에게 혁명의 준엄한 심판을 내려야 한다는 우리 군대와 인민의 분노의 외침이 온 나라를 진감하고 있는 속에 천하의 만고역적 장성택에 대한 조선민주주의인민공화국 국가안전보위부 특별군사재판이 12월 12일에 진행되였다.

　특별군사재판은 현대판종파의 두목으로서 장기간에 걸쳐 불순세력을 규합하고 분파를 형성하여 우리 당과 국가의 최고권력을 찬탈할 야망 밑에 갖은 모략과 비렬한 수법으로 국가 전복 음모의 극악한 범죄를 감행한 피소자 장성택의 죄행에 대한 심리를 진행하였다.

　특별군사재판에 기소된 장성택의 일체 범행은 심리과정에 100% 립증되고 피소자에 의하여 전적으로 시인되였다.

　공판에서는 조선민주주의인민공화국 국가안전보위부 특별군사재판소 판결문이 랑독되였다.

　판결문의 구절구절은 반당반혁명종파분자이자 흉악한 정치적야심가, 음모가인 장성택의 머리우에 내려진 증오와 격분에 찬 우리 군대와 인민의 준엄한 철추와도 같았다.

　피소자 장성택은 우리 당과 국가의 지도부와 사회주의 제도를 전복할 목적 밑에 반당반혁명적종파행위를 감행하고 조국을 반역한 천하의 만고역적이다.

　장성택은 일찍부터 위대한 수령 김일성 동지와 위대한 령도자 김정일

동지의 높은 정치적신임에 의하여 당과 국가의 책임적인 직위에 등용되고 위대한 대원수님들의 은덕을 그 누구보다 많이 받아 안았다.

장성택은 특히 경애하는 김정은 동지로부터 이전시기보다 더 높은 직무와 더 큰 믿음을 받았다.

장성택이 백두 절세위인들로부터 받아 안은 정치적 믿음과 은혜는 너무도 분에 넘치는 것이었다.

믿음에는 의리로 보답하고 은혜는 충정으로 갚는 것이 인간의 초보적인 도리이다.

그러나 개만도 못한 추악한 인간쓰레기 장성택은 당과 수령으로부터 받아 안은 하늘같은 믿음과 뜨거운 육친적 사랑을 배신하고 천인공노할 반역행위를 감행하였다.

놈은 오래전부터 더러운 정치적 야심을 가지고 있었으나 위대한 수령님과 장군님께서 생존해 계실 때에는 감히 머리를 쳐들지 못하고 눈치를 보면서 동상이몽, 양봉음위하다가 혁명의 대가 바뀌는 력사적 전환의 시기에 와서 드디어 때가 왔다고 생각하고 본색을 드러내기 시작하였다.

장성택은 전당, 전군, 전민의 일치한 념원과 의사에 따라 경애하는 김정은 동지를 위대한 장군님의 유일한 후계자로 높이 추대하는 데 대한 중대한 문제가 토의되는 시기에 왼새끼를 꼬면서 령도의 계승문제를 음으로 양으로 방해하는 천추에 용납 못할 대역죄를 지었다.

놈은 자기의 교묘한 책동이 통할 수 없게 되고 력사적인 조선노동당 제3차 대표자회에서 전체 당원들과 인민군 장병들, 인민들의 총의에 따라 경애하는 김정은 동지를 조선로동당 중앙군사위원회 부위원장으로 높이

모시였다는 결정이 선포되여 온 장내가 열광적인 환호로 끓어번질 때 마지못해 자리에서 일어서서 건성건성 박수를 치면서 오만불손하게 행동하여 우리 군대와 인민의 치솟는 분노를 자아냈다.

놈은 그때 자기도 모르게 그렇게 행동한 것이 경애하는 김정은 동지의 군령도지반과 령군체계가 공고해지면 앞으로 제놈이 당과 국가의 권력을 탈취하는데 커다란 장애가 조성될 것이라고 생각하였기 때문이라고 자인하였다.

장성택은 그후 위대한 장군님께서 너무도 갑자기, 너무도 일찌기, 너무도 애석하게 우리 곁을 떠나시게 되자 오래전부터 품고있던 정권야욕을 실현하기 위하여 본격적으로 책동하기 시작하였다.

장성택은 경애하는 원수님을 가까이 모시고 현지지도를 자주 수행하게 된 것을 악용하여 제놈이 늘 원수님 가까이에 있으면서 혁명의 수뇌부와 어깨를 나란히 하는 특별한 존재라는것을 대내외에 보여주어 제놈에 대한 환상을 조성하려고 꾀하였다.

장성택은 제놈이 당과 국가지도부를 뒤집어엎는데 써먹을 반동무리들을 규합하기 위하여 위대한 장군님의 말씀을 거역하고 제놈에게 아부아첨하고 추종하다가 된 타격을 받고 철직, 해임된 자들을 비롯한 불순이색분자들을 교묘한 방법으로 당중앙위원회 부서와 산하기관들에 끌어들이었다.

장성택은 청년사업부문에 배겨있으면서 적들에게 매수되여 변절된 자들, 배신자들과 한동아리가 되여 우리나라 청년운동에 엄중한 해독을 끼치였을뿐아니라 그자들이 당의 단호한 조치에 의하여 적발숙청된 이후에도 그 끄나불들을 계속 끌고다니면서 당과 국가의 중요직책에 박아 넣었다.

놈은 1980년대부터 아첨군인 리룡하 놈을 제놈이 다른 직무에 조동될 때마다 끌고다니였으며 당의 유일적령도를 거부하는 종파적행동을 하여 쫓겨났던 그자를 체계적으로 당중앙위원회 제1부부장 자리에까지 올려놓아 제 놈의 심복졸개로 만들어놓았다.

장성택은 당의 유일적령도를 거부하는 중대사건을 발생시켜 쫓겨 갔던 측근들과 아첨군들을 교묘한 방법으로 몇 년 사이에 제놈이 있는 부서와 산하단위들에 끌어올리고 전과자, 경력에 문제가 있는 자, 불평불만을 가진자들을 체계적으로 자기 주위에 규합하고는 그우에 신성불가침의 존재로 군림하였다.

놈은 부서와 산하단위의 기구를 대대적으로 늘이면서 나라의 전반사업을 걷어쥐고 성, 중앙기관들에 깊숙이 손을 뻗치려고 책동하였으며 제놈이 있던 부서를 그 누구도 다치지 못하는 '소왕국'으로 만들어놓았다.

놈은 무엄하게도 대동강 타일공장에 위대한 대원수님들의 모자이크 영상작품과 현지지도사적비를 모시는 사업을 가로막았을 뿐 아니라 경애하는 원수님께서 조선인민내무군 군부대에 보내주신 친필서한을 천연화강석에 새겨 부대 지휘부청사 앞에 정중히 모시자는 장병들의 일치한 의견을 묵살하던 끝에 마지못해 그늘진 한쪽구석에 건립하게 내리먹이는 망동을 부렸다.

장성택이 지난 기간 우리 당의 조직적의사인 당의 로선과 정책을 체계적으로 거역하는 반당적행위를 감행한 것은 제놈을 당에서 결론한 문제도, 당의 방침도 뒤집을 수 있는 특수한 존재처럼 보이게 하여 제놈에 대한 극도의 환상과 우상화를 조장시키려는 고의적이고 불순한 기로의 발로였다.

 장성택은 제놈에 대한 환상을 조성하기 위하여 당과 수령에 대한 우리 군대와 인민의 깨끗한 충정과 뜨거운 지성이 깃들어있는 물자들까지도 중도에서 가로채 심복졸개들에게 나누어주면서 제놈의 낯내기를 하는 무엄한 짓을 하였다.

 장성택이 제놈에 대한 환상과 우상화를 조장시키려고 끈질기게 책동한 결과 놈이 있던 부서와 산하기관의 아첨분자, 추종분자들은 장성택을 '1번 동지'라고 춰주며 어떻게 하나 잘 보이기 위해 당의 지시도 거역하는 데까지 이르렀다.

 장성택은 부서와 대상기관에 당의 방침보다도 제놈의 말을 더 중시하고 받아무는 이질적인 사업체계를 세워놓음으로써 심복졸개들과 추종자들이 조선인민군 최고사령관 명령에 불복하는 반혁명적인 행위를 서슴없이 감행하게 하였다.

 최고사령관의 명령에 불복하는 것들은 그가 누구이든 혁명의 총대는 절대로 용서치 않을 것이며 그런자들은 죽어서도 이 땅에 묻힐 자리가 없다.

 장성택은 당과 국가의 최고권력을 가로채기 위한 첫 단계로 내각총리 자리에 올라앉을 개꿈을 꾸면서 제놈이 있던 부서가 나라의 중요경제 부문들을 다 걷어쥐어 내각을 무력화시킴으로써 나라의 경제와 인민생활을 수습할 수 없는 파국에로 몰아가려고 획책하였다.

놈은 위대한 장군님께서 최고인민회의 제10기 제1차회의에서 세워주신 새로운 국가기구체계를 무시하고 내각 소속 검열감독기관들을 제놈 밑에 소속시키였으며 위원회, 성, 중앙기관과 도, 시, 군급 기관을 내오거나 없애는 문제, 무역 및 외화벌이단위와 재외기구를 조직하는 문제, 생활비적용문제를 비롯하여 내각에서 맡아하던 일체의 기구사업과 관련한 모든 문제를 손안에 걷어쥐고 제 마음대로 좌지우지함으로써 내각이 경제사령부로서의 기능과 역할을 제대로 할 수 없게 하였다.

　놈은 국가건설 감독기구와 관련한 문제를 내각과 해당 성과 합의도 하지 않고 당에 거짓 보고를 드리려고 시도하다가 해당 일군들이 위대한 대원수님들께서 작성해 주신 건설법과 어긋난다는 정당한 의견을 제기하자 "그러면 건설법을 뜯어고치면 되지 않는가"라고 망발하였다.

　장성택은 직권을 악용하여 위대한 대원수님들께서 세워주신 수도건설과 관련한 사업체계를 헝클어 놓아 몇년사이에 건설건재기지들을 페허로 만들다 싶이 하고 교활한 수법으로 수도건설단위 기술자, 기능공대렬을 약화시키였으며 중요 건설단위들을 심복들에게 넘겨주어 돈벌이를 하게 만들어놓음으로써 평양시건설을 고의적으로 방해하였다.

　장성택은 석탄을 비롯한 귀중한 지하자원을 망탕 팔아먹도록 하여 심복들이 거간군들에게 속아 많은 빚을 지게 만들고 지난 5월 그 빚을 갚는다고 하면서 라선경제무역지대의 토지를 50년 기한으로 외국에 팔아먹는 매국행위도 서슴지 않았다.

　2009년 만고역적 박남기 놈을 부추켜 수천억원의 우리 돈을 람발하면서 엄청난 경제적 혼란이 일어나게 하고 민심을 어지럽히도록 배후조장한 장본인도 바로 장성택이다.

장성택은 정치적 야망 실현에 필요한 자금을 확보하기 위하여 각종 명목으로 돈벌이를 장려하고 부정부패행위를 일삼으면서 우리 사회에 안일해이하고 무규률적인 독소를 퍼뜨리는 데 앞장섰다.

1980년대 광복거리 건설 때부터 귀금속을 걷어모아온 장성택은 수중에 비밀기관을 만들어놓고는 국가의 법은 안중에도 없이 은행에서 거액의 자금을 빼내여 귀금속을 사들임으로써 국가의 재정관리체계에 커다란 혼란을 조성하는 반국가범죄행위를 감행하였다.

장성택은 2009년부터 온갖 추잡하고 더러운 사진 자료들을 심복졸개들에게 류포시켜 자본주의 날라리풍이 우리 내부에 들어오도록 선도하였으며 가는 곳마다에서 돈을 망탕 뿌리면서 부화방탕한 생활을 일삼았다.

장성택이 2009년 한 해에만도 제놈의 비밀 돈창고에서 460여 만€를 꺼내 탕진한 사실과 외국 도박장 출입까지 한 사실 하나만 놓고 보아도 놈이 얼마나 타락, 변질되였는가를 잘 알 수 있다.

장성택은 정권야욕에 미쳐 분별을 잃고 날뛰던 나머지 군대를 동원하면 정변을 성사시킬수 있을 것이라고 어리석게 타산하면서 인민군대에까지 마수를 뻗치려고 집요하게 책동하였다.

장성택 놈은 심리과정에 "나는 군대와 인민이 현재 나라의 경제실태와 인민생활이 파국적으로 번져지는데도 불구하고 현 정권이 아무런 대책도 세우지 못한다는 불만을 품게 하려고 시도하였다"라고 하면서 정변대상이 바로 "최고령도자동지이다"라고 만고역적의 추악한 본심을 그대로 드러내놓았다.

놈은 정변의 수단과 방법에 대하여 "인맥관계에 있는 군대간부들을 리용하거나 측근들을 내몰아 수하에 장악된 무력으로 하려고 하였다. 최근에 임명된 군대간부들은 잘 몰라도 이전시기 임명된 군대간부들과는 면목이 있다. 그리고 앞으로 인민들과 군인들의 생활이 더 악화되면 군대도 정변에 동조할수 있지 않겠는가라고 생각하였다. 그리고 내가 있던 부서의 리룡하, 장수길을 비롯한 심복들은 얼마든지 나를 따를 것이라고 보았으며 정변에 인민보안기관을 담당한 사람도 나의 측근으로 리용해보려고 하였다. 이밖에 몇도 내가 리용할 수 있다고 보았다"라고 꺼리낌 없이 뇌까리였다.

장성택 놈은 정변을 일으킬 시점과 정변 이후에는 어떻게 하려고 하였는가에 대하여 "정변시기는 딱히 정한 것이 없었다. 그러나 일정한 시기에 가서 경제가 완전히 주저앉고 국가가 붕괴직전에 이르면 내가 있던 부서와 모든 경제기관들을 내각에 집중시키고 내가 총리를 하려고 하였다. 내가 총리가 된 다음에는 지금까지 여러가지 명목으로 확보한 막대한 자금으로 일정하게 생활문제를 풀어주면 인민들과 군대는 나의 만세를 부를것이며 정변은 순조롭게 성사될것으로 타산하였다"고 토설하였다.

장성택은 비렬한 방법으로 권력을 탈취한 후 외부세계에 '개혁가'로 인식된 제놈의 추악한 몰골을 리용하여 짧은 기간에 '신정권'이 외국의 '인정'을 받을 수 있을 것이라고 어리석게 망상하였다.

모든 사실은 장성택이 미국과 괴뢰역적패당의 '전략적 인내' 정책과 '기다리는 전략'에 편승하여 우리 공화국을 내부로부터 와해붕괴시키고 당과 국가의 최고권력을 장악하려고 오래전부터 가장 교활하고 음흉한 수단과 방법을 다 동원하면서 악랄하게 책동하여온 천하에 둘도 없는 만고역적, 매국노라는 것을 똑똑히 보여주고 있다.

장성택의 반당적, 반국가적, 반인민적인 죄악은 공화국 국가안전보위부특별군사재판소 심리과정에 그 가증스럽고 추악한 전모가 낱낱이 밝혀지게 되었다.

시대와 력사는 당과 혁명의 원쑤, 인민의 원쑤이며 극악한 조국 반역자인 장성택의 치떨리는 죄상을 기록하고 절대로 잊지 않을 것이다.

세월은 흐르고 세대가 열백번 바뀌여도 변할수도 바뀔수도 없는것이 백두의 혈통이다.

우리 당과 국가, 군대와 인민은 오직 김일성, 김정일, 김정은 동지밖에는 그 누구도 모른다.

이 하늘 아래서 감히 김정은 동지의 유일적 령도를 거부하고 원수님의 절대적 권위에 도전하며 백두의 혈통과 일개인을 대치시키는 자들을 우리 군대와 인민은 절대로 용서치 않고 그가 누구이든, 그 어디에 숨어있는 모조리 쓸어모아 력사의 준엄한 심판대우에 올려 세우고 당과 혁명, 조국과 인민의 이름으로 무자비하게 징벌할 것이다.

조선민주주의인민공화국 국가안전보위부 특별군사재판소는 피소자 장성택이 적들과 사상적으로 동조하여 우리 공화국의 인민주권을 뒤집을 목적으로 감행한 국가전복음모행위가 공화국형법 제60조에 해당하는 범죄를 구성한다는 것을 확증하였으며 흉악한 정치적야심가, 음모가이며 만고역적인 장성택을 혁명의 이름으로, 인민의 이름으로 준렬히 단

죄규탄하면서 공화국형법 제60조에 따라 사형에 처하기로 판결하였다. 판결은 즉시에 집행되었다.

2. 김정일의 이복형제들 - 김경진, 김평일, 김영일

김정일의 이복동생인 김평일은 김일성과 두 번째 부인인 김성애 사이에서 1954년 8월 10일 태어났다.

김평일은 평양 남산고급중학교를 거쳐 1977년 김일성종합대학 경제학부 정치경제학과를 졸업한다. 대학 졸업 후 인민군 군관으로 임관되면서 김일성군사종합대학에 들어가 작전전술과정을 마치고, 호위사령부 장갑차 대대장에 임명된다.

그 후 김평일은 이복형인 김정일로부터 곁가지로 분류되어 1979년 동유럽 유고의 북한대사관 부무관으로 축출된다.

당시 김평일뿐 아니라 1952년 생인 김평일의 누나 김경진의 남편인 김광섭이 체코 주재 국제학술연맹 부대표로 발령 나면서 김경진도 자연스럽게 축출된다. 김경진은 현재 헝가리 주재 북한 대사인 남편 김광섭을 따라 유럽에서 살고 있는 것으로 전해진다.

이 무렵 1955년 생인 김평일의 남동생 김영일 또한 동독으로 유학을 떠나게 된다. 김영일은 독일 베를린 주재 북한 이익대표부 참사관을 지내다가 간암으로 2000년 사망한 것으로 추정된다.

1981년 김평일은 동유럽 유고에서 북한으로 돌아와 인민군에 복무하다 대좌로 진급해 1984년부터 1988년까지 인민무력부 작전국 부국장으로 근무한다.

1988년 김평일은 또다시 김정일의 견제를 받아 북한을 떠나 헝가리 주재 북한 대사로 쫓겨 가게 되지만, 1988년 12월 헝가리가 한국과 수교하면서 헝가리에는 가보지도 못하고 불가리아 주재 북한 대사로 1993년까지 근무한다. 이후 1994년부터 1998년까지 핀란드 주재 북한 대사, 1998년부터 2014년까지 16년간은 폴란드 주재 북한 대사 그리고 2015년부터는 체코 주재 북한 대사로 재직하면서 김씨 왕조 권력집단에서 완전히 밀려나 있다.

김평일은 핀란드 주재 북한 대사관 대사로 근무할 때인 1994년 7월 8일 아버지 김일성이 사망했는데도 불구하고, 이복형 김정일의 북한 입국 허용을 받지 못해 아버지 장례식에도 참석하지 못하게 된다.

김일성은 한때 노동당은 김정일에게, 인민군은 김평일에게 그리고 내각은 김영일에게 맡긴다는 구상을 했을 정도로 김평일의 군사적 재능을 높이 평가한 것으로 전해진다.

심성은이 리영호 전 인민군 총참모장과 현영철 전 인민무력부장 그리고 장성택을 처단한 것에 대해 북한 고위층들이 신변 위험에 공포감을 느끼고 있고, 거기에 더해 북한 주민들이 체제에 대한 불만이 고조됨에 따라, 김정은을 대신해 김평일로 지도자를 교체하자는 북한 내 의견이 제기되기도 하는 것으로 전해진다. 김평일은 온화한 성격과 백두혈통의 정통성, 유럽에서 장기간 체류해 개혁성향을 가지고 있다는 것이 장점으로 부각되고 있다.

1982년 스위스를 거쳐 한국으로 온 성혜림의 조카 이한영은 수기 『김정일 로열패밀리』에서 김정일에게는 김경진, 김평일, 김영일 이외에 '김현'이라는 또 한 명의 이복동생이 있다고 다음과 같이 밝히고 있다.

1979년 2월 정남이가 모스크바에 갔다온 지 얼마 안 돼 김정일이 정남이와 친하게 지낼 만한 아이가 있는데 같이 놀겠느냐고 (이한영에게) 물었다.
조금 있으니 아이 한 명이 관저에 왔다. 예쁘고 잘생긴 아이였다. 이름이 뭐냐고 물으니 장현이라고 대답했다. 고모부 장성택의 조카인데 김경희, 장성택의 집에 살고 있다는 것이었다. 나이는 정남이와 동갑이었다.
장현은 근 1주일간을 우리 관저에서 먹고 자고 놀았다. 김정일과 식사할 때도 같이 식사했다. 고모부의 조카(원문에는 사촌으로 표기)이면 김정일과는 별 상관도 없는데, 관저에 데려오고 밥도 같이 먹는 것은 상당한 관심 표명이었다. 장현은 김일성과 비슷한 인상이었다.
… 그 여자(김현의 어머니)는 매우 젊었다. 그 여자는 김일성 담당 간호원이었는데, 어찌하다 보니 애를 낳았다는 것이다. 김성애의 눈치도 보여 숨겨서 키우다가 김정일에게 알아서 키우라고 지시했다고 한다. 평양 근교 철봉리에 있는 작은 초대소를 줘서 생모를 이모로 변신시켜 키웠다고 한다. … 김일성은 가끔 조용히 아들을 보러 가기도 했다고 한다.
… 그러니까 김일성도 아들(김정일)에게 책 잡힐 일을 한 것이다. 당시는 김일성도 아직 정남이의 존재를 모를 때였다. 김정일의 사생활을 안다고 해도 책망할 상황은 되지 않았을 것 같다. 71년 생인 현은 엄밀히 말하면 김현이다. 그런데 김정일이 장성택에게 떠맡겨 장성택의 호적에 올

려 장현이 된 것이다.

김현은 김일성 사망 후 김정일에 의해 숙청되었다는 소문도 있었지만, 김정은 집권 이후 조카 김정은에게 충성을 맹세하고 현재 북한 정부 부서에서 근무하고 있는 것으로 전해진다.

김정은과 리설주 06

1. 김정은

김정은은 1984년 1월 8일 김정일과 세 번째 부인 고용희 사이에서 태어났다.

친형으로 1981년 생인 김정철이 있고, 친여동생으로 1989년에 태어난 김여정이 있다. 이복누나로 1974년 생인 김설송과 1976년 생인 김춘송이 있고, 이복형으로 1971년 생인 김정남이 있다.

출생지에 대해서는 평안북도 창성군이라고 알려졌으나 실제로는 강원도 원산시에 위치한 김정일의 별장 602호 초대소에서 태어났을 것이라는 추정도 있다.

김정은은 어린 시절 철저히 외부와 격리되어 자랐기 때문에 김정은의 정서행동 발달은 아버지 김정일과 어머니 고용희의 영향을 절대적으로 받았다고 볼 수 있다.

고용희는 의붓아들인 김정남을 견제하며, 자신의 친아들들인 김정철과 김정은을 김씨 왕조의 계승자로 키우려 했다고 전해진다. 김정은이 김정철에 비해 결단력과 배짱이 있고, 경쟁심이 강한 김정일 자신을 더 많이 닮았다고 생각하는 것을 간파한 고용희는 큰아들인 김정철보다는 작은아들인 김정은에게 더 관심을 집중했다.

김정은의 어린 시절에 대해서는 알려진 바가 거의 없다. 그나마 김정일의 요리사로 알려진 일본인 후지모토 겐지를 통해서 일부분 알려져 있을 뿐이다. 후지모토 겐지는 김정은이 세 살 때인 1987년부터 김정은이 열일곱 살 때인 2001년 폐쇄적이고 비정상적인 북한 사회에 두려움과 염증을 느끼고 일본으로 탈출할 때까지 김정은을 가까이에서 지켜본 유일한 외부인이라고 할 수 있다. 후지모토 겐지는 김정일의 비밀스런 사생활과 김정은을 포함해 드러나지 않은 김정일 가족들에 관한 부분적인 이야기를 『김정일의 요리사』와 『북한의 후계자 왜 김정은인가?』라는 두 권의 책을 통해 어느 정도 밝히고 있다.

2001년 일본으로 도망한 후지모토 겐지는 김정은의 초청으로 11년 만인 2012년 7월 북한을 방문해 김정은과 4시간 정도 재회의 시간을 가졌으며 일본으로 돌아간 뒤에도 김정은에게 꾸준히 편지를 보냈다고 한다.

2016년, 36년 만에 열리는 제7차 당대회를 앞두고 김정은은 후지모토 겐지를 다시 북한으로 초청했는데, 아마도 후지모토 겐지를 이용해 일본과의 관계 개선을 염두에 두고 초청한 것으로 추정된다. 후지모토 겐지는 2016년 4월 12일부터 23일까지 북한을 방문했는데, 4월 12일 저녁 평양 시내 연회장에서 약 3시간 동안 김정은을 만났다고 밝혔다. 이 자리에서 김정은은 "전쟁할 생각은 없다. 하지만 미국이 얼토당토않은 트집을 잡는다"며 "울컥해 미사일을 발사하고 있다"고 심경을 토로했다고 한다.

후지모토 겐지는 또 "일본이 지금 북한을 어떻게 보고 있는가"라는 김정은의 질문에 "최악이다"라고 대답했다고 한다. 후지모토 겐지는 자신이 머물던 고려호텔 현관에 김정은이 직접 벤츠를 몰고 와서 놀랐다고 했다.

김정은의 어린 시절에 대해서는 이처럼 지금도 김정은과 개인적 친분이 있고 김정은의 어린 시절을 옆에서 지켜본 경험이 있는 후지모토 겐지가 쓴 두 책의 내용을 주로 인용하고, 이영종의 『후계자 김정은』, 정창현의 『키워드로 본 김정은 시대의 북한』, 다케야마 소데츠의 『김정일과 김정은의 정체』 등을 참고해 기술하고자 한다. 후지모토 겐지는 자신의 책에서 김정철과 김정은에게는 '왕자'라는 호칭을, 김여정에게는 '공주'라는 호칭을 사용하면서 이들에 대한 자신의 절대적인 존경심과 복종심을 드러냈다.

다케야마 소데츠(2011)는 『김정일과 김정은의 정체』에서 김정은의 세 살 때 모습을 다음과 같이 서술했다.

북한의 자료는 김정은이 3세 때의 모습을 이렇게 기록한다.
김정은은 세 살이 되자 조부 김일성이 지었던 한시 '광명성 찬가'(광명성은 김정일을 가리킨다)를 붓으로 모사했던 천재아였다. 어느 날 김일성은 한시를 간자체로 쓰고 있었는데 김정은이 그것을 번자체로 고쳐 써 버렸으므로 주변 사람들을 놀라게 했던 모양이다. 또한 3세 때부터 사격의 명수이기도 했다. '농담이겠지' 하고 의아해하는 독자도 있겠지만 자료의 출처는 조선노동당 중앙이다.

김정은이 출생한 후 몇 년간 김일성은 첩의 자식이라며 김정은을 만나지 않은 것으로 알려져 있는데, 김정은이 세 살 때 김일성이 쓰는 간자체를 번자체로 바꾸었다는 것은 시기상 맞지 않는다. 또한 정상적인 아이의 인지와 신경근육 발달을 고려할 때 세 살 때 간자체를 번자체로 바꾸고 사격의 명수라는 것은 통상적으로 가능한 일이 아니다. 따라서 김정은의 이와 같은 세 살 때 모습은 김정은을 우상화하려는 북한의 수준 낮은 선전에 불과한 것이라고 판단된다.

1990년 1월 중순 김정은이 여섯 살 때(후지모토 겐지는 김정은 출생 연도를 1983년이라고 주장하고 있어 『북한의 후계자 왜 김정은인가?』에서 '일곱 살'로 표현했다. 하지만 현재 김정은의 출생 연도는 1998년 미국으로 망명한 김정은의 이모 고용숙 등을 통해 1984년인 것으로 확인되고 있다. 따라서 '일곱 살'보다는 '여섯 살'로 정정하는 것이 맞다고 생각한다) 후지모토 겐지(2010)는 김정일과 김경희 그리고 장성택을 포함한 김정일의 측근 간부들 약 30여 명과 더불어 황해남노 신전조대소에 머물고 있었다고 한다. 이때 김정일이 "지금부터 우리 아이들을 여러분에게 소개하도록 하겠다. 복도로 나가자" 해서 나가보니 김정철과 김정은이 있었다고 한다. 김정철과 김정은은 군복 차림으로 김정일을 보자 마치 군인처럼 부동자세로 최고의 예의를 갖춘 경례를 했다고 한다. 후지모토 겐지가 보기에는 자신뿐만 아니라 김정일 앞에 서 있던 측근들조차 장성택을 제외하고는 김정일의 자녀들을 직접 본 것은 그때가 처음이었을 것이라고 했다.

먼저 김정일로부터 두 왕자(김정철과 김정은)의 소개가 있었고, 최고 간부부터 차례로 김정철·김정은과 악수했다고 한다. "처음 뵙겠습니다." 간부들은 김정철과 김정은 앞으로 차례로 나가 공손하게 손을 내밀고 악수했으며, 그곳에는 당시의 조선노동당이나 정부의 최고 간부인 허담, 장성택, 김용순, 김기남, 권희경 등이 있었다고 한다. 김정철과 김정은 뒤에는 주변 사람들로부터 사모님이라 불리는 김정일의 부인 고용희가 밝은 표정으로 함께 있었다고 한다.

대열의 가장 끝에 서 있던 후지모토 겐지가 자기 차례가 되어, 김정철에게 손을 내밀었더니 김정철은 곧바로 손을 내밀어주었고, 후지모토 겐지가 조금 힘을 주어 악수를 하자 김정철도 후지모토 겐지의 손을 꽉 쥐며 악수해 주었다고 한다. 그 다음 후지모토 겐지가 김정은에게 손을 내밀었을 때 예상하지 못한 일이 벌어졌는데, 김정은이 손을 내밀 생각은 하지 않은 채 후지모토 겐지를 험악하게 노려봤다고 한다. 여섯 살짜리 아이가 마흔 살 어른인 후지모토 겐지 자신을 향해 쏘아보듯 날카로운 눈빛을 건네었다고 한다. 악수를 거절당한 후지모토 겐지가 당황해서 난감해 하고 있었는데 그때 김정일이 "자, 후지모토 씨야" 하고 말하자 김정은이 비로소 손을 내밀었다고 한다.

후지모토 겐지는 김정은 입장에서는 '이 녀석이 그 증오스런 일본제국의 족속인가?'라고 생각했을 수 있으며, 북한에서는 식민지 지배했던 일본에 대해 지금까지도 적대적인 교육을 하고 있고, 김정은도 분명 그런 교육을 받았을 것이라고 생각했다고 한다.

여섯 살에 불과한 아이가 마흔 살 어른을 노려보는 행위는 대개의 경우 적절한 가정교육 부재 때문이라고 할 수 있다. 하지만 김정은 경우는 적절한 가정교육 부재로 인한 행동이라기보다는, 김정일이 김정은 앞에서 의도적으로 김씨 왕족에 대한 인민군 장성들의 절대복종을 강요한 분위기와 성격이 온순한 김정철과 달리 김정은의 공격적인 성격으로 인한 것이라고 생각된다.

여섯 살 때부터 군복을 입고 현직 인민군 장성들의 공손한 인사를 받고 자란 김정은이 집권 이후 고모부 장성택, 인민무력부장 현영철, 총참모장 리영길, 김철 인민무력부 부부장, 변인선 총참모부 작전국장 등을 파리 죽이듯 처형하는 것이 이상하게 느껴질 일은 아니라고 생각한다. 게다가 김정은은 성격이 충동적이고 공격적인 가학적 잔혹성을 지니고 있다. 이런 상황을 생각하면 김정은이 후지모토 겐지를 노려봤던 것은 당연히 이해된다고 생각한다.

결국 이런 상황들을 지켜본 김정일이 '김정은이 김정철보다 배짱이 있다'는 생각을 하고 후계자로 김정은을 선택했다고 할 수 있다. 김정은은 역설적으로 자신의 이러한 비정상적인 성격과 행동으로 인해 이복형 김성남과 진형 김정철을 물리치고 김정일로부터 권력을 세습받은 것이라고 볼 수 있다.

후지모토 겐지(2010)에 따르면, 김정철은 '큰대장', 김정은은 '작은대장'으로 불렸으며 놀 때도 같이 놀았다고 하며, 김정은과 나이가 비슷한 고용숙의 장남이 함께 놀 때도 많았다고 한다. 또한 선발된 듯한 10대 미소녀가 두 명씩 수행 겸 놀이상대로 따라붙었다고 한다. 김정철과 김정은은 초등학교 과정을 김정일 관저에서 전속 가정교사에게 배웠으며, 후지모토 겐지는 김정일이 김정철과 김정은을 일반 주민들에게 노출될 수 있는 초등학교에 보내는 것은 위험이 따르기 때문에 주저했을 것이라고 생각했다고 한다.

　김정철과 김정은은 어린 시절 술래잡기나 고무줄놀이, 종이비행기 날리기, 윷놀이 등 일상적인 놀이를 했으며 롤러스케이트와 롤러블레이드, 볼링도 좋아했다고 한다. 김정철과 김정은은 보통의 북한 사람들은 절대로 구할 수 없는 일본 만화와 비디오 게임을 갖고 있었으며, 만화는 김정은의 경우 축구를 소재로 한 작품을 좋아했으며, 비디오 게임은 당시 일본에서도 유행하고 있던 '슈퍼마리오'와 '테트리스' 등에 푹 빠져 있었다고 한다.

　어린 시절 김정철은 게임에 열중했지만, 김정은은 혼자서 그림 그리는 것도 좋아했다고 한다. 어느 날 여러 가지 그림을 그리면서 놀던 김정은이 평양의 '주체사상탑'을 그리면서 후지모토 겐지에게 "후지모토, 일본에도 높은 탑이 있지?" 하고 물어와 "있고 말고요, 도쿄타워라는 333미터 높이의 탑이 있답니다" 하고 말하자, 김정은이 도쿄타워를 그려보라고 주문해 자세히 그려주었더니, 김정은은 "멋있다!"며 소리쳤다고 한다. 그리고 나서 김정은은 자기가 그린 그림들을 보관해 놓는 상자에 후지모토 겐지가 그린 도쿄타워 그림을 소중하게 넣어두었다고 한다.

　김정철과 김정은은 후지모토 겐지를 만나기 전부터 '오하요', '곤니치와', '곤방와' 등 간단한 일본어 인사말을 알고 있었다고 한다. 후지모토 겐지는 김정은이 아침이나 저녁에도 '안녕하십니까'라는 인사말 하나로 통하는 북한 말과 달리, "일본어에는 인사말이 세 가지나 있네"라며 의

아해 하던 말을 기억하고 있다고 했다. 후지모토 겐지는 김정은의 일본어에 대한 또 한 가지 인상에 남은 일이 있다고 했다. 김정은이 일곱이나 여덟 살 때쯤 함께 원산초대소 안에 있는 영화관에 갔던 적이 있었는데, 동행했던 두 여자아이들에게 "일본 노래를 불러봐. 후지모토에게 맞는지 확인해 보게"라고 했는데, 그중 한 여자아이가 부른 노래가 놀랍게도 '빨간 구두 신은 소녀를 외국인이 데려가 버렸네. 요코하마 부둣가에서 배를 태워 데려가 버렸네'라는 일본의 유명한 동요인 '빨간 구두'였다고 했다.

그밖에도 새끼 까마귀를 그리워하며 울고 있는 어미 까마귀의 심정을 노래한 '일곱 아이들'이라는 노래도 불렀다고 한다. 후지모토 겐지는 이 아이들에게 일본 노래를 가르친 김정은의 교육담당자가 니카타에서 북한 공작원에 의해 북한으로 납치된 요코다 메구미일 가능성이 있다고 추측했다. 후지모토 겐지는 이런 추측의 근거로 김정은의 어머니인 고용희가 재일교포 출신으로 북한으로 건너간 사람인데, 고용희는 후지모토 겐지 앞에서 일절 일본어를 사용하지 않았고, 일본에 살다가 귀국했다는 사실을 한 번도 자기 입으로 말한 적이 없었다고 했다. 그래서 고용희가 김정은이나 수행하는 여자아이들에게 일부러 일본 노래를 가르치지는 않았을 것이라고 했다.

김정은은 이렇듯 어릴 때 주변으로부터 격리되어 자랐기 때문에 또래 아이들과 어울려 정상적으로 공감능력을 증진시키고 사회성을 촉진시킬 기회를 갖지 못했다고 생각한다. 김정은을 스위스에서 2년간 돌보다가 1998년 미국으로 망명한 김정은의 이모 고용숙도 최근 언론 매체와의 인터뷰에서 어린 시절 김정은의 성장과정을 볼 때 "성인이 되어 정상적인 성격의 소유자로 살아가는 것은 힘든 일이겠다"고 언급했다.

김정일은 김정은이 일곱 살 무렵 초대소 안에서 벤츠 600을 운전하게 허용했다고 하는데, 이런 무모한 일이 반복되면 아이의 성격이 차츰 과시주의 성향을 보일 수 있으며, 더 나아가 과대망상과 관련되는 경우도 있을 수 있다. 요즈음 김정은이 핵폭탄과 대륙간탄도미사일 개발 등을 과시하면서 '소형화되고 폭발력 높은 핵폭탄 개발이 완료되면 한국이든 미국이든 감히 나를 어떻게 하지 못할 것'이라는 과대망상적인 생각도 이와 관련되어 나타나는 양상이라고 판단된다.

후지모토 겐지(2010)는 김정은과 김정철은 사이가 무척 좋았는데 체형이나 성격은 대조적이었다고 한다. 김정은은 아버지 김정일을 닮아 뚱뚱한 체형이었고, 김정철은 어머니 고용희를 닮았는지 늘씬하면서 근육질 체형이었다고 한다. 김정은과 김정철은 둘 다 운동신경은 뛰어났지만, 김정은은 승부욕이 강한 반면에 김정철은 얌전했다고 한다. 둘 중에서 어떤 놀이를 하자고 먼저 말을 꺼내는 사람은 언제나 김정은 쪽이었으며, 김정철은 형임에도 불구하고 동생 김정은에 비해 자신의 의견을 내세우는 일은 별로 없어 보였다고 한다.

후지모토 겐지는 김정은이 '오델로 게임'(구슬이 점차 아래로 떨어지면서 마지막까지 살아남는 게임. 김정일 패밀리는 이것을 '오델로 게임'이라고 불렀다)에 열중하고 있었는데, 보고 있던 김정철이 "이렇게 해봐" 하고 말하는 대로 따라했는데 구슬을 놓치고 말았다고 한다. 화가 난 김정은은 놓친 구슬을 김정철의 얼굴을 향해 던졌다고 한다. 다행히 큰 일은 없었지만 그때 후지모토 겐지는 김정은의 과격한 면을 보고 깜짝 놀랐다고 한다. 더욱 놀라운 것은 그런 일을 당했는데도 여전히 히죽히죽 웃으며 서 있는 김정철의 온화한 성격이었다며, 보통 그런 일이 터지면 형제들끼리 들러붙어 한바탕 싸움이 벌어졌을 터인데 김정은과 김정철의 성격은 그 정도로 많이 달랐다고 한다. 1992년 10월경 이모 고용숙이 평소대로 김정은을 '작은 대장'이라고 불렀더니, 김정은이 갑자기 큰소리로 화를 내며 "내가 아직도 유치원생인 줄 알아?"라며 고용숙을 쏘아보았다며, 후지모토 겐지는 김정은의 과격한 기질을 회상했다.

김정일과 고용희 사이에서 둘째로 태어난 김정은은 세 살 많은 형인 김정철과 다섯 살 아래인 여동생 김여정에 비해 부모 사랑을 받는 데에 있어서 불리한 형제순위에 위치해 있다고 볼 수 있다.

김정철은 김정일과 고용희의 첫 번째 아이로 둘째 김정은이 태어나기 전 3년 동안 김정일과 고용희의 절대적인 관심을 받았다고 생각한다. 김정은이 태어났을 때는 이미 김정철이 있었기 때문에 김정일과 고용희의 관심은 두 아이에게 분산될 수밖에 없는 상황이었다. 대개의 경우 큰 아들은 대를 이을 아이라는 이유로 특별한 관심을 받는다.

문제는 김정은 밑으로 여동생 김여정이 태어났다는 것이다. 일반적으로 부모들은 막내가 약하고 먼저 태어난 형제들에게 치인다는 생각을 가지고 막내에 대해서는 허용적이고 보호적인 태도를 보인다. 여기에다 위로 두 아들이 있는데, 밑으로 아들과 달리 귀여움과 애교를 보이는 딸이 태어나면, 부모들은 막내이자 딸인 셋째에게 관심을 집중적으로 보이는 경우가 많다.

이런 경우 두 번째로 태어난 남자아이는 위아래에 끼인 샌드위치 신세가 되어 부모로부터 관심을 제대로 받을 확률이 줄어들게 된다. 이처럼 샌드위치 신세가 된 아이들은 이 상황으로부터 벗어나 부모의 관심을 받기 위해 열심히 노력해 착한 아이로 살아가는 경우가 있고, 이와는 반대로 첫째와 셋째에 비해 부모의 관심을 제대로 받지 못한다는 피해의식을 가지고 정서행동상의 문제를 드러내는 경우도 있다. 김정은은 후자의 경우라고 생각한다. 김정은이 형 김정철과 이모 고용숙에게 분노를 표출하며 공격적인 행동을 보인 것도 이런 문제와 관련이 있다고 생각된다.

후지모토 겐지(2003)는 김정일과 고용희 그리고 김정은과 김정철과 함께 김정일의 전용선을 타고 김정일이 가장 좋아하는 생선인 쏘가리 낚시를 하러 다녔는데, 후지모토 겐지가 물고기를 낚아올릴 때마다 김정은은 배 가장자리로 다가와서 "나한테 줘" 하며 낚싯대를 빼앗았다고 한다. 김정은은 후지모토 겐지에게서 낚아챈 낚싯대를 직접 들어올리면서 "내가 잡았어"라고 외치며 기뻐했다고 한다.

1991년 김정은이 일곱 살 때 중국 국경 근처에 있는 창성초대소에서 김정은 김정철, 고용숙의 장남 그리고 후지모토 겐지 이렇게 넷이서 술래잡기를 하다가 후지모토 겐지가 화장실을 갔다고 한다. 그런데 그 화장실 문에는 안쪽에 잠금장치가 없었고, 화장실 창문이 중간 위쪽으로는 반투명(원문에는 불투명으로 표기) 유리로 되어 있어서 밖에서 얼굴을 갖다 대면 내부를 볼 수 있었다고 한다. 화장실에 후지모토가 있다는 것을 발견한 김정은은 "후지모토, 빨리 나와!"라고 소리치면서 유리에 얼굴을 댄 채 몇 번이고 문을 마구 흔들어댔다고 한다.

후지모토 겐지는 안에서 문이 열리지 않도록 손잡이를 꽉 붙잡은 채 안간힘을 썼다고 한다. 후지모토 겐지는 용변 보는 모습을 들킨 것이 창피해서 쉽게 나갈 수도 없어 얼굴이 벌겋게 달아올랐다고 한다. 후지모토 겐지는 김정철이라면 이런 장난을 하지 않았을 것이라고 생각했다고 한다. 나중에 김정일에게 이야기했더니 화장실 유리문을 밖에서 보이지 않는 것으로 당장 바꾸어 달고 안쪽에 잠금장치도 달도록 명령했다고 한다(후지모토 겐지, 2010). 김정은은 어릴 적부터 후지모토 겐지를 부를 때 경칭을 붙이지 않은 채 '후지모토'라 불렀고, 김정철은 '후지모토 씨'라고 경칭을 붙여서 불렀다고 한다.

후지모토 겐지(2010)에 따르면, 1998년 무렵 원산 초대소에는 김일성의 부관을 지낸 안신이라는 인물이 있었는데, 그는 그때 이미 60세로 일찍이 김일성의 신임을 받았지만, 김일성이 1994년 사망하자 할 일이 없어졌기 때문에 김정일의 배려로 가끔 초대소에 불려가서 휴식을 취하곤 했다고 한다.

안신은 키가 160센티미터를 조금 넘을 정도로 부관으로서는 작은 몸집을 가셨는데, 어느 날 김정은이 옆에 있던 안신을 발로 툭툭 차면서 후지모토 겐지에게 이렇게 물었다고 한다. "대원수님(김일성)은 왜 이런 땅딸보를 부관으로 삼은 거지?" 후지모토 겐지는 김정은의 행동이 도가 지나쳤다고 생각해 "대원수님은 키 작은 '안신'을 데리고 다니면서 '안심'했던 것이 아닐까요?"라며 대답하자 김정은은 납득한 것 같았다고 했다. 안신은 기쁜 얼굴로 "고맙습니다"라며 후지모토 겐지에게 머리를 조아렸다고 한다.

어린 김정은이 성인인 후지모토 겐지의 낚싯대를 마음대로 빼앗고, 형 김정철과 달리 후지모토 겐지에게 존칭을 사용하지 않고 하인 부르듯 이름을 부르고, 60세의 김일성 부관 출신 안신을 발로 툭툭 차는 갑질 중의 갑질 행동이나 후지모토 겐지의 인격을 짓밟는 화장실에서의 지나친 장난, 자기가 잡지 않은 물고기를 자기가 잡았다고 거짓말하는 행위 등은 파괴적, 충동조절 및 품행장애(Disruptive, Impulse-Control, and Conduct Disorders)의 한 형태인 적대적 반항장애(Oppositional Defiant Disorder)로 볼 수 있다. 적대적 반항장애 양상을 보이는 아이가 적절한 소아정신과적 전문치료를 받지 않으면 청소년기에 접어들면서 품행장애(Conduct Disorder) 양상을 보이는 경우가 많고, 성인이 되어서는 반사회성 성격장애(Antisocial Personality Disorder)가 되는 경우도 있다.

후지모토 겐지(2010)에 따르면, 김정은은 김정철과 달리 10대 중반부터 이미 술과 담배를 시작했다고 한다. 술에는 강하며 특히 조니워커 최고급품인 '크리스털'을 좋아했다고 한다. 담배는 김정일한테서 "어릴 적부터 담배를 피우면 키가 안 큰다"는 주의를 받기는 했지만 '이브 생 로랑' 등 외제담배를 즐겨 피웠다고 한다. 청소년 시절 김정은은 사회규범을 지키지 않고 이처럼 술과 담배를 하는 품행장애 양상을 보였다고 생각한다.

김정은이 집권 후 보이는 주변에 대한 무차별적인 숙청, 충동적으로 미사일을 발사하는 행위, 북한 주민들의 인권을 짓밟고 국제질서를 훼손하는 행위, 핵실험으로 주변 국가의 안전을 저해하는 행위들은 반사회성 성격장애와도 관련성이 있다고 판단한다.

1992년 1월 8일 김정은은 원산초대소에서 여덟 번째 생일을 맞이한다. 후지모토 겐지(2010)에 따르면, 여덟 살이 되는 김정은은 검정색 양복 차림에 나비넥타이를 매고 수줍은 듯한 미소를 띠고 있었다고 한다. 무대의 막이 오르자 보천보전자악단의 노래와 연주가 시작되었는데, 그때 악단이 부른 노래가 '발걸음'으로 3절로 구성된 행진곡풍의 합창곡이었다고 한다.

사실 김정철과 김여정에게도 그들을 찬양하는 노래가 만들어졌었고, 김정은에게만 특별히 만들어준 것은 아니었으며, 김정일이 왜 김정은에게 '발걸음' 노래를 선물했는지에 대한 설명은 특별히 없었다고 한다. 그러나 간부들 중에는 그것의 깊은 의미를 깨달은 사람이 있었을 것이라고 후지모토 겐지는 생각했다고 한다. 당시에는 후계자 문제 같은 것은 생각지도 못했지만, 새삼 '발걸음'이라는 가사를 되새겨볼 때 가사 안에 깊은 의미가 감춰져 있다는 사실을 깨닫게 되었다고 한다.

김정은의 여덟 살 생일 때 발표된 당시의 가사는 '김 대장' 부분이 '작은 대장'으로 되어 있었다고 한다. 김정은 찬양합창곡인 '발걸음'은 2008년 무렵부터 북한 주민들에게 본격적으로 보급되기 시작한 것으로 전해진다.

'발걸음'의 가사는 다음과 같이 3절로 구성되어 있다.

1절)   척척 척척척 발걸음
       우리 김대장 발걸음
       2월의 정기 뿌리며

　　　　앞으로 척척척

　　　　발걸음 발걸음 힘차게 구르면

　　　　온 나라 강산이 반기며 척척척

2절)　척척 척척척 발걸음

　　　　우리 김대장 발걸음

　　　　2월의 기상 떨치며

　　　　앞으로 척척척

　　　　발걸음 발걸음 힘차게 한번 구르면

　　　　온 나라 인민이 따라서 척척척

3절)　척척 척척척 발걸음

　　　　우리 김대장 발걸음

　　　　2월의 위업 받들어

　　　　앞으로 척척척

　　　　발걸음 발걸음 더 높이 울려 퍼져라

　　　　찬란한 미래를 앞당겨 척척척

'발걸음' 가사를 보면 첫째, 김정은이 출생한 달인 '1월'이 아니라 김정일이 출생한 달인 '2월'을 표기해 김정일과 김정은의 연관성을 부각시키고 있다. 둘째, '정기 뿌리며'와 '기상 떨치며' 그리고 '위업 받들어'를 통해 김정일의 정기와 기상 그리고 위업들을 김정은이 이어받을 수도 있다는 의미를 나타낸 것으로 생각된다. 셋째, '온 나라 강산이 반기며'와 '온 나라 인민이 따라서' 그리고 '찬란한 미래를 앞당겨'는 김정일로부터 김정은으로의 북한 권력세습을 북한 주민들이 반기고 따를 것이며 그리고 세습시기가 일반적으로 생각하는 것보다 앞당겨질 수도 있다는 의미로 볼 수 있다.

이러한 이유로 후지모토 겐지의 의견과 같이 '발걸음' 가사를 통해, 김정일 후계자가 김정남이나 김정철이 아닌 김정은이 될 수도 있다는 김정일의 생각을 우회적으로 표현했을 수도 있다고 생각한다. 1992년 김정은이 여덟 살 때, 1971년생인 김정남은 이미 스물한 살의 나이였다. 스물한 살의 나이는 김정일이 김정남에 대해 자신의 후계자로서 적합한지 여부를 충분히 파악할 수 있는 나이라고 생각한다.

1998년 미국으로 망명한 김정은의 이모 고용숙이 최근 언론매체와의 인터뷰에서도 "김정은이 권력을 세습할 것이라는 조짐은 김정은이 불과 여덟 살 때부터 있었다"면서 "김정은이 여덟 살 생일일 때 계급장이 달린 장군 제복을 선물로 받았고 그때부터 군 장성들이 어린 김정은에게 경례하는 등 진짜로 경의를 표했다"고 밝히고 있다.

후지모토 겐지(2010)는 김정은이 10대 중반이 되자 놀이를 할 때도 리더십을 유감없이 발휘했다고 한다. 제트스키가 끄는 바나나보트에 대여섯 명이 타고 차례로 바다로 뛰어드는 놀이를 할 때도 김정은은 솔선해서 뛰어들곤 했다고 한다. 다른 사람에게 무언가 시킬 때는 항상 자신이 먼저 선두에 서곤 했다고 한다.

김정은은 형 김정철과 함께 농구를 즐겼다고 한다. 후지모토 겐지가 김정일 패밀리와 함께 점심식사할 때에도 김정은은 식사가 끝난 지 5분도 되지 않았는데 농구를 하러 자리에서 일어나려 했다고 한다. 그러자 어머니인 고용희로부터 "조금만 더 앉아 있거라"며 꾸중을 듣고 다시 고쳐 앉는 시늉을 했지만 김정은은 5분 정도 지나자 "형, 가자"라며 김정철을 끌고 밖으로 나갔다고 한다.

후지모토 겐지가 깜짝 놀랐던 것은 농구시합을 할 때 김정은의 대응이라고 했다. 초대소에서 농구시합을 할 때가 있는데, 시합이 끝나면 김정은은 반드시 자신의 팀에서 반성회를 열어 함께 뛰었던 선수들에게 어디가 좋았다거나 잘못되었다는 것을 지적했다고 한다. 멋진 플레이를 보여준 선수는 지명해서 "아까 그 패스는 아주 좋았어"라며 손뼉을 치면서 칭찬해 주고, 실수한 선수에게는 잘못된 점을 구체적으로 일러주면서 무섭게 꾸짖었다고 한다. 사리판단이 분명해서 칭찬해야 할 때는 칭찬하고, 야단쳐야 할 때는 야단을 친다고 한다.

10대 중반에 그런 일이 가능한 것만으로도 대단한데, 자신이 호되게 질타한 선수에 대해 나중에 후지모토 겐지에게 "내가 아까 그렇게 호되게 혼을 냈는데 괜찮을까? 다시 잘할 수 있을까?" 하면서 후후후 미소를 지어 보였다고 한다. 그 모습을 보고 후지모토 겐지는 김정은이 화를 낼 때도 나름대로 계산을 하고 있다는 사실을 알게 되었다고 한다. 후지모토 겐지가 "역시 화를 낼 때는 화를 내야 합니다. 그렇게 해야 기술이 향상되는 거 아니겠습니까?"라고 대답하자, 김정은은 자신의 기분을 알아준 것이 고마웠는지 "그렇지, 후지모토!"라며 미소를 지었다고 한다.

후지모토 겐지는 김정은이 그저 단순히 남들의 선두에 서고 싶어 하는 것이 아니라 벌써 10대 중반부터 사람의 마음을 사로잡는 기술을 터득하고 있었다고 생각해 놀랐다고 한다. 그에 비해서 김정철은 시합이 끝나면 "수고했다. 해산!"이라고 말하면서 곧바로 돌아갔다고 했다.

후지모토 겐지는 김정은이 어릴 때부터 좋은 리더십을 보였다는 것을 강조하며, 위와 같이 바나나보트에서 물에 뛰어드는 놀이와 농구경기에서 김정은이 보인 태도를 좋은 리더십의 예로 들고 있다. 저자는 후지모토 겐지의 김정은에 대한 이와 같은 리더십 주장에 동의하지 않는다. 좋은 리더십을 가지고 있는 사람이라는 의미는 다른 사람 입장에 서서 그 사람이 어떤 생각을 가지고 있고, 어떻게 느끼고, 무엇을 진정으로 원하는지를 알고서 거기에 맞추어 자신의 행동을 결정하는 사람이다. 즉 좋은 리더십이라는 것은 다른 사람에 대해 공감할 수 있는 능력이 좋다는 의미이다.

김정은이 바나나보트에서 다른 아이들보다 먼저 물에 뛰어든 것은 다른 아이들이 물에 뛰어드는 것을 겁내니까 '내가 먼저 뛰어들어 다른 아이들이 안심하고 물에 뛰어드는 놀이를 즐기도록 해주겠다'는 다른 아이들에 대한 배려라기보다는 김정은 자신이 겁이 없다는 것을 보이기 위한 과시적인 행동이었다고 생각한다. 또한 북한 통치자의 아들로서 김정은 자신이 다른 아이들보다 먼저 첫 번째로 물에 뛰어드는 특권이 있다는 것을 과시하기 위해서였다고도 생각된다.

김정은과 김정철이 팀을 만들어 농구경기할 때, 김정은이 자기 팀원들한테 보인 태도에 대해 후지모토 겐지는 김정은이 좋은 리더십이 있다고 주장했지만, 이에 동의하는 것도 문제가 있다고 생각한다. 농구경기에서 보인 김정은의 태도는 좋은 리더십이라고 하기보다는 '절대로 형한테는 질 수 없다'는 김정은의 지나친 형제간 경쟁의식이라고 생각된다.

어머니 고용희가 점심식사 후 "조금만 더 앉아 있거라" 하고 지시해도, 5분도 참지 못하고 형 김정철을 데리고 농구하러 갔다는 것은 농구하는 것이 정말 좋아서 그럴 수도 있지만, 이보다는 인내심이 부족해 차분하게 있지를 못하고, 에너지가 넘쳐나는 것처럼 과도한 행동을 하고, 사려 깊은 행동을 하지 않고 충동적인 행동을 보이고, 후유증을 생각하지 않고 즉각적으로 결정을 내리거나 과제를 수행하는데 지속성이 없는 경우 등의 양상을 보이는 주의력결핍 과잉행동장애(Attention-Deficit/Hyperactivity Disorder)로 인한 것으로 추정된다.

주의력결핍 과잉행동장애를 보이는 사람들은 충동적이며, 자신들의 요구에 즉각적인 보상을 요구한다. 요구가 받아들여지지 않으면 분노를 느끼고 공격적인 행동양상을 보이는 경우를 흔히 볼 수 있다. 이들은 자신들이 느끼는 위협을 진짜인지 아니면 자신이 상황을 잘못 파악했는지에 대해 심사숙고 없이 그 위협에 대해 즉각 반격하는 경우도 흔히 있다.

김정은은 1996년 9월경부터 2001년 1월까지 스위스로 유학 간 것으로 추정된다.

1998년 미국으로 망명한 고용희의 동생 고용숙과 그의 남편 리강은 최근 워싱톤 포스트와 인터뷰를 가졌다. 인터뷰 내용에 따르면 자신들 부부가 1996년부터 1998년까지 2년간 스위스에서 김정은과 김정철을 보살폈다고 한다. 고용숙은 이와 관련해 "우리는 보통 가정처럼 행동했고, 나는 김정은과 김정철의 어머니처럼 행동했다"고 말했다. 고용숙은 김정철, 김정은 그리고 김여정 등과 함께 프랑스 파리에 있는 유로 디즈니랜드, 스위스 알프스의 스키장, 프랑스령 리비에라 수영장, 이탈리아의 알레프스코 레스토랑 등에서 찍은 사진들을 기자들에게 보여줬다고 한다.

고용숙의 증언에 따르면, 그동안 의견이 분분했던 김정은의 출생 연도에 대해서는 김정은과 자신들의 아들이 같은 해에 태어나, 태어날 때부터 친구였으며 자신이 김정은과 김정철의 기저귀를 갈아줬다며 김정은은 1984년 생이 분명하다고 한다.

이들은 김정일의 뒤를 이어 김정은이 권력을 세습할 것이라는 조짐이 김정은이 불과 여덟 살 때부터 있었다고 한다. 김정은이 여덟 살 생일일 때 계급장이 달린 장군 제복을 선물로 받았고 그때부터 군 장성들이 어린 김정은에게 경례하는 등 진짜로 경의를 표했다고 한다. 주위 사람들로부터 이렇게 떠받들어지면서 어린 시절을 보낸 아이가 정상적으로 성장하는 것은 불가능하다고 평가하기도 했다.

김정은의 어린 시절에 대해서는 말썽꾼은 아니었지만 성질이 급했고 인내심이 없었다고 회상했다. 특히 어머니 고용희가 공부를 더 하라고 꾸짖자 단식을 하면서 반발하기도 했다고 한다. 김정은은 농구를 무척 좋아했다며 고용희로부터 농구를 배우면 키가 클 것이란 말을 듣고는 잠들 때도 농구공을 안고 자기도 했다고 한다. 고용숙과 리강 부부는 "역사적으로 강력한 지도자와 가까운 사람들이 다른 사람들 때문에 의도하지 않은 말썽에 휘말리는 일을 종종 볼 수 있으며, 우리는 그런 말썽으로부터 멀어지는 게 좋다고 생각했다"며 북한 정권 내부에서의 암투 가능성 때문에 탈북을 결심했다고 한다.

고용숙과 리강 부부는 1998년 돌연 망명을 결심하고 스위스 베른의 미국 대사관으로 진입해 망명을 신청한다. 며칠 뒤 프랑크푸르트 미군 기지로 옮겨졌으며 그곳에서 몇 달간 조사를 받는 과정에서 자신들과 북한 지도자와의 관계를 밝힌다. 현재 미국 시민권자인 이들 부부는 궁극적으로 북한으로 돌아가고 싶다는 의견을 피력했다. 리강은 "나는 미국을 이해하고 북한을 이해한다. 따라서 나는 둘 사이의 협상가가 될 수 있다고 생각한다"며 "만약 김정은이 내가 기억하는 대로라면 그와 만나서 얘기할 수 있을 것"이라고 주장했다(조선일보, 2016년 5월 28일).

김정은은 김정일의 지시로 북한에서 공교육을 받지 않고 스위스로 유학 간 것으로 알려진다.

김정일은 북한에서 공교육을 받았기 때문에 그 과정에서 동료와 교사들에게 자신의 행적이 고스란히 노출되었고, 그 결과 지도자로서의 신비감을 잃었다고 생각했다. 이런 이유로 김정일의 알려진 자식들인 김설송, 김정남, 김정철 그리고 김여정 중에서 김설송만 제외하고 나머지 자식들은 해외로 조기유학을 보낸 것으로 생각된다.

1996년 여름 무렵 김정은은 스위스 베른에 와서 형 김정철이 유학 중이던 스위스 베른 국제학교에 입학했지만 몇 개월 후 그만두고, 집 가까이 있는 한 공립 초등학교에서 독일어 교육을 받은 뒤, 1998년 8월 베른의 리베펠트-슈타인휠츨리 공립중학교 7학년(한국의 중학교 1학년에 해당)에 편입한 것으로 전해진다.

김정은은 9학년이던 2000년 말 학교를 그만뒀다고 한다. 당시 담임이었던 시모네 쿤은 마이니치 신문에 "그가 점심시간에 교무실로 와서 '내일 귀국한다'고 말한 뒤, 다음 날부터 나오지 않았다"고 한다. 김정은은 유학 당시에는 박은이라는 가명을 사용했다.

당시 김정은과 같이 수업을 받았던 학생들은 김정은이 영화와 컴퓨터에 관심이 많았고 농구를 좋아했으며, 승부욕이 강한 야심 많은 아이였다고 회상했다.

후지모토 겐지(2010)에 따르면, 어느 날 원산초대소에서 고용희가 스위스의 스키장에서 있었던 이야기를 꺼내면서, "큰오빠(김정철)는 스키를 잘 타서 내 앞에서 멋들어지게 멈추어 서는 모습을 보여주곤 해요. 작은오빠(김정은)는 스노보드를 잘 타고" 하면서 김정철과 김정은이 스위스 유학시절 스키장을 자주 갔었다는 사실을 언급했다고 한다. 고용희는 당시 김정철을 '큰오빠'로, 김정은을 '작은오빠'로 불렀다고 한다.

북한 주민들이 먹고살기도 힘든 경제난을 겪는데도 김정은이 2013년 무리하게 마식령스키장 건설을 강행한 것은 북한 주민들의 삶의 질을 높이기 위해서가 아니라, 김정은이 스위스 유학시절 누렸던 스키장 경험과 관련이 있다고 생각된다. 이런 측면에서 볼 때 김정은은 상당히 자기중심적인 인물이라고 생각된다.

1998년 6월 26일 당시 열네 살이었던 김정은이 어머니 고용희 생일날에 "그런데 후지모토, 외국의 백화점이나 상점에 가서 보니 어디를 가나 물자와 식품들로 넘쳐나서 놀랐어, 우리나라 상점은 어떨까?" 하는 말을 듣고 후지모토 겐지는 깜짝 놀랐다고 한다. 후지모토 겐지가 볼 때, 김정은은 일본에도 여행을 가본 적이 있는 것 같았으며 스위스를 비롯해 유럽에도 가족여행을 하거나 유학시절에 다녀본 적이 있는 것 같았다고 했다. 그때 자신이 본 해외의 풍요로운 모습에 충격을 받은 것 같았다고 했다. 후지모토 겐지는 10대 중반의 김정은이 북한과 외국을 비교하고 있다는 사실에 놀랐다며 사회적 관심은 형 김정철에 비해 김정은이 강했던 것 같다고 했다(후지모토 겐지, 2010).

2000년 8월 원산에서 평양으로 향하는 김정일 패밀리 전용열차에서 김정은이 후지모토 겐지에게 얘기를 좀 하자고 제안했다고 한다. 열여섯 살이 된 김정은은 여전히 스위스에 유학 중이었고, 여름방학을 이용해 잠시 귀국해 있었다고 한다. 여름방학이 되면 두 달에서 세 달씩 와 있었고, 겨울방학과 북한의 중요한 기념일에도 귀국했기 때문에 김정은이 실제로 스위스에 체류한 것은 1년 중 5개월 정도였을 것으로 보인다고 했다.

김정은은 진지하게 북한 현황에 대한 것들을 거론했다고 한다. "우리나라는 아시아의 다른 나라에 비해 공업기술이 한참 뒤떨어져. 우리나라에서 내세울 것이라곤 지하자원인 우라늄 광석 정도일 거야. 초대소에서도 자주 정전이 되고 전력 부족이 심각해 보여." 말이 통하지 않는 스위스에서 유학하면서 나름대로 마음고생을 한 것 같았다고 한다. 시야가 많이 넓어졌고 인간적으로도 성장한 것 같아 보였다고 한다.

어릴 적부터 무엇 하나 부족함 없이 뛰어놀던 '응석꾸러기' 이미지는 더 이상 찾아볼 수 없었다고 한다. "일본이 미국에 졌지. 하지만 멋지게 부활한 거 아냐, 상점에 가봐도 물품들이 얼마나 넘쳐나던지. 우리나라는 어떨까?" 김정은은 북한의 물자부족에 대해서 줄곧 걱정하며, 또 일본과 유럽 등지의 외국을 다니면서 김정은에게는 '우리나라도 저렇게 되어야 할 텐데'라는 생각이 싹트고 있는 것 같아 보였다고 한다.

또 김정은은 중요한 이웃나라인 중국에 대해서도 이야기를 했다고 한다. "후지모토, 위(김정일)에서 들은 이야기지만, 지금 중국은 여러 가지 면에서 성공하고 있는 것 같아. 공업이나 사업, 호텔, 농업 등 모든 것이 잘나가고 있다고 위에서 얘기하더군", "우리나라 인구는 2,300만 명인데, 중국은 13억이라는 어마어마한 인구를 가졌는데도 통제가 잘되고 있다는 게 대단한 것 같아. 전력보급은 어떻게 되고 있는지. 13억 명의 인구를 먹여 살릴 수 있는 농업의 힘도 대단하고, 식량수출도 성공적이라고 하더군, 여러 가지 면에서 우리가 본보기로 삼지 않으면 안 되겠지?" 중국의 개혁·개방정책의 성공 소식을 김정일로부터 전해들은 김정은은 그 사실에 무척 관심을 가졌으며, 북한의 현실을 바꾸기 위해서는 중국의 방식을 본보기로 삼아야겠다는 생각을 갖기 시작한 것 같았다고 했다.

김정은과 후지모토 겐지의 이날 밤 토론은 오후 11시 지나서부터 시작돼 다음 날 오전 4시경까지 다섯 시간에 걸쳐서 이어졌다고 한다. 후지모토 겐지는 당시 유학 중이던 김정은이 이런 말을 꺼낸 것은 아마도 김정일로부터 '후계자를 암시하는 말을 들은 것이 아닐까' 하고 생각했다고 한다. 김정일은 평소부터 김정은에 대해 "나를 닮았다"라고 만족스럽게 이야기를 했으며 당이나 군 간부들 앞에서도 똑같이 말했지만, 김정철에 대해서는 "그 녀석은 안 돼. 계집애 같아서"라고 말했다고 한다.

김정일이 김정은을 편애하고 있음은 가족 식사자리에서도 분명하게 드러났다고 한다. 식탁에서 김정일이 가운데 앉고, 그 왼쪽에 부인 고용희가 앉았으며, 김정은은 고용희 왼쪽에 앉았다고 한다. 김여정은 김정일의 오른쪽에 앉았고, 김정철은 김여정의 오른쪽에 앉았다고 한다. 따라서 고용희가 식사자리에 참석하지 못할 경우, 김정은은 김정일 바로 옆자리에 앉을 수 있었지만, 김정철은 항상 김정일 옆에 앉지 못했다고 한다. 고용희도 간부들과의 식사에서 김정철보다 김정은을 김정일의 후계자로 정하려는 분위기를 연출했다고 한다(후지모토 겐지, 2010).

2001년 3월 15일 원산초대소에서 김정은은 벤츠 600을 운전해 나타나 후지모토 겐지와 차 안에서 담배를 같이 피우다가, "그런데 말야 후지모토, 우리는 매일 말도 타고 롤러블레이드도 타며 농구도 하고 또 여름에는 제트스키와 수영장에서 놀기도 하는데 일반 인민들은 어떻게 살고 있을까?" 하는 뜻밖의 말을 후지모토 겐지에게 건넸다고 한다. 후지모토 겐지는 당시 '틀림없이 김정은이 언젠가는 북한의 중추 역할을 맡게 될 거다'고 확신했다고 한다(후지모토 겐지, 2010).

이와 같이 후지모토 겐지는 김정일의 후계자로 김정은이 될 것이라는 확신을 가졌던 것으로 보인다.

하지만 2003년 12월 말경 김정일은 당 중앙위원회 국방위원회 책임일꾼들 앞에서 "내년(2004년)은 내가 김일성 주석의 위업을 이어간 지 10년이 되는 해이다. 지나간 10년은 우리에게 간고하였지만 우리의 선군 령도가 천만번 지당한지 알게 해주었다. … 우리 군대와 인민이 백전백승의 력사와 전통을 이어 위대한 김일성 동지의 사상과 위업을 끝없이 빛내어 나가야할 신성한 의무가 나서고 있다. … 이를 위하여 김정철을 잘 받들어 보좌해야 한다"고 말한 것으로 전해진다. 이런 상황으로 미루어볼 때 2000년대 초반까지는 김정철이 김정일의 후계자로 결정될 가능성이 상대적으로 높았던 것으로 보인다.

　후지모토 겐지(2010)는 김정은이 열다섯이나 열여섯 살 정도까지는 형 김정철과 달리 이성에 별로 관심을 보이지 않았다고 한다. 음악은 형 김정철과 마찬가지로 좋아하여, 2000년 여름 스위스에서 여름방학 기간 중에 잠시 돌아왔을 때 후지모토 겐지가 워크맨으로 듣고 있던 휘트니 휴스턴의 노래를 녹음한다고 빌려간 적이 있었으며, 한국 인기가수 CD를 갖고 있었던 적도 있으며 그 노래를 들으면서 "노래가 참 좋다"라고 말한 적도 있었다고 한다.

　김정은은 2002년부터 2007년까지 김일성종합대학 물리학과와 북한의 군 간부 양성기관인 김일성군사종합대학교를 동시에 다닌 것으로 알려져 있으나, 이들 대학에서 정규과정을 공부한 것이 아니라 출석은 거의 하지 않고 교수들을 집으로 불러 개인적으로 수업을 받은 것으로 전해진다. 예를 들면 김정은의 김일성군사종합대학교 논문 지도교수인 리영호 전 인민군 총참모장의 개인지도를 받은 것이다. 김정은은 이런 개인교수들의 지도를 받아 2006년 12월 '위성항법체계(GPS)를 이용한 작전지도 정확성 향상 모의실험'이라고 하는 포병 관련 군사학 논문을 발표한 것으로 전해진다.

　이렇게 김정은을 돌봤던 리영호도 2012년 7월 김정은의 허가 없이 군사 퍼레이드에 참가한 군부대를 이동시켰다는 이유로 숙청당한 것으로 알려졌다. 하지만 당시 북한 당국은 리영호를 신병 관계로 모든 직무에서 해임하기로 했다고 발표했다. 이후 2016년 6월 일본 NHK 방송은 '어느 한 부대 일꾼들은 반당 반혁명분자 리영호 놈의 직권에 눌리여 그 놈의 내리 먹이는 요구가 경애하는 최고사령관 동지의 사상과 의도에 어긋 난다는 것을 알면서도'라는 북한 조직지도부 내부문건을 입수해 방영함 으로써 신병 관계가 아니라 김정은의 눈밖에 벗어나 숙청당했다는 사실 이 밝혀졌다. 또한 입수된 문건에는 '인민군대는 머리 위에서 벼락이 떨 어지고 발밑에서 폭탄이 터져도 최고사령관의 명령 없이 자기 위치를 이 탈할 권리가 없다'는 내용도 있었다고 한다.

한때 김정은의 지도교수였던 리영호 인민군 총참모장의 숙청은 결국 김정은의 남을 의심하는 편집증 증상과 김정은 자신의 권위가 손상당한 분노로 인한 것과 관련되어 있다고 판단된다.

2004년 김정은은 김정일의 권유로 강원도 평강군 5군단에 인민군 하 전사로 입대해 3년 정도 근무 후 중장으로 진급한 것으로 전해진다. 북한 에서는 김일성종합대학을 졸업하면 군 복무가 면제되는 것으로 알려져 있는데, 김정은의 경우 김일성종합대학을 졸업했으니 군 복무 면제대상 자인데도 불구하고 군 복무를 한 셈이다.

2009년 3월 내지 4월경 김정일은 김정은을 국가안전보위부장에 임명 해 자신을 대신해서 엘리트들을 감시하게 하고, 자신의 사망 후에도 김 정은이 엘리트들을 확고하게 장악할 수 있도록 조치했다.

이영종의 『후계자 김정은』에 따르면, 2009년 4월 초 평양 중구역에 자 리한 우암각을 국가안전보위부원들이 급습했다고 한다. 우암각은 김정 일의 장남 김정남이 평양에 있을 때 주로 머무르는 일종의 별장 같은 곳 인데, 이 우암각에서 김정남의 추종세력들이 모임을 자주 가졌다고 한 다. 북한 공작원에게 납치되었던 한국의 영화감독 신상옥과 배우 최은희가 머물렀던 곳이기도 하다. 김정은의 지시로 국가안전보위부원들이 우암각을 급습해 김정남의 측근들을 연행하고 서류를 압수해 조사를 벌였다고 한다. 우암각을 급습했을 때 김정남은 현장에 없었으며, 이후 사건의 전모를 알게 된 김정남은 이복동생 김정은에 격한 반감을 보였다고 한다.

2010년 9월 27일 김정은은 조선인민군 대장으로 임명되고, 28일 3차 노동당대표회의에서 당 중앙군사위 부위원장 및 당 중앙위원회 위원 임명절차를 거치며 김정은은 김씨 왕조의 후계자로 공식 확정되었다. 그동안 유년기, 청소년기의 사진으로만 알려져 왔던 김정은의 얼굴이 노동당대표회의 기념사진을 통해 언론에 공개되었다.

다케야마 소데츠(2011)에 따르면, 2010년 10월 10일 노동당 창건 제65주년 기념식전이 열린 날, 북한은 라디오를 통해 '불세출의 지도자를 맞이하는 것은 우리민족의 행운'을 방송했다고 한다. 일부 내용을 살펴보면 다음과 같다.

'김정은 동지는 정치, 경제, 문화, 역사, 군사에 정통하고 다수의 외국어를 구사할 수 있는 천재이나. 2년간의 해외유학 중에 엉어, 독일어, 프랑스어, 이탈리아어를 마스터하였으나 그것에 만족하지 않고 7개 국어를 완전히 정복하기로 결심하고 장군님(김정일)을 도와 국내외의 중대사를 지도하는 다망한 중에도 중국어, 일본어, 러시아어를 공부했다', '공화국이 핵보유국이 된 것은 김정은 동지 덕분이다', '(유학 중에 김정은 동지는) 미 제국주의와 제국주의 열강이 일으킨 전쟁을 목도하게 되었다. 거기에서 김정은 동지는 핵을 가진 자에게는 핵으로 대항하는 수밖에 없다는 결의를 굳

게 하였다. 그 덕분에 핵을 가질 수 있었다.'

2010년 11월 23일 대한민국 서해 북방 도서인 연평도가 북한 인민군에 의해 포격을 당했다. 일본 아사히신문은 12월 1일 북한 내부 소식통을 인용해 "김정은의 이름으로 지난달 초 '적의 도발행위에 언제라도 반격할 수 있는 태세를 갖추라'는 지령이 북한군 간부들에게 하달됐다"고 보도하였다. 이와 같은 사실은 김정은 후계구도를 더욱 확립하기 위한 것이라는 분석이 제기되었는데, 특히 김정은은 북한에서 포병전문가로 미화되고 있다는 점에서 그의 업적을 극대화하기 위한 것이라고 추정되고 있다.

2011년 12월 17일 김정일이 갑작스럽게 사망하자 김정은은 일단 후계자로서의 업무를 맡게 되었고, 12월 29일에는 조선인민군 최고사령관으로 추대된다.

2012년 4월 11일 김정은은 4차 노동당대표회의에서 노동당 제1비서로 추대되고, 이틀 후인 13일에 열린 북한 최고인민회의에선 국방위원회 제1위원장에 추대되어 김정일의 직책을 모두 세습한다. 이로써 동서양의 현대사에서 유례를 찾아볼 수 없는 김씨 왕조 권력세습이 공식화되었다. 같은 날 권력세습을 기념하기 위해 광명성 3호를 발사하였으나 기술적 문제로 실패한다.

2012년 7월 18일 최고인민회의는 국방위원회 제1위원장이자 조선인민군 최고사령관인 김정은에게 기존 대장 계급에서 2단계 높은 원수 칭호를 부여할 것을 결정한다. 원수 칭호는 이미 사망한 김일성과 김정일에게만 부여된 대원수의 바로 아래 계급으로, 이전까지는 리을설이 유일

했었다. 원수 바로 아래 계급인 차수는 보직 해임된 리영호를 포함하여 현재 총 8명인 것으로 알려져 있다.

2012년 12월 12일 북한은 은하3호를 발사해 위성궤도에 올리는 데 성공했다.

2013년 김정은은 2018년 2월 한국 강원도 평창에서 개최될 예정인 동계올림픽의 남북 공동개최를 염두에 두고 인민군에게 평양에서 189킬로미터 떨어져 있는 원산시 교외에 마식령스키장을 건설하라고 지시하면서 자신의 최측근인 최룡해를 책임자로 내정한다.

김정은의 마식령스키장 건설은 어머니 고용희와도 관련성이 있을 수 있다고 추정된다. 고용희가 1962년 북송선을 타고 북한에 도착한 곳이 원산이다. 그래서 고용희는 김정일 주변으로부터 '원산댁'으로 불렸다는 것이다. 더군다나 김정은이 김정일의 원산 별장 602호 초대소에서 출생했다는 소문도 있다. 따라서 김정은으로서는 원산이 애착이 많은 도시이다. 그래서 마식령스키장뿐만 아니라 원산 갈마비행장을 국제공항 수준으로 리모델링했고, 원산 해변에 갈마호텔과 새날호텔을 건축하는 등 원산을 관광특구로 개발하고 있는 것으로 전해진다(정창현, 2014).

최룡해는 김정은에게 세계가 놀랄 마식령 속도로 세계 제일의 스키장을 완성하겠다며 1년이 걸리지 않아 마식령스키장을 완공했다. 마식령스키장은 백두산 베개봉스키장에 이어 북한에서 두 번째 스키장이다. 총 활강거리는 110킬로미터이고 슬로프 열 개가 있어 동계올림픽을 개최할 수 있는 규모라고 한다. 2013년 12월 31일 김정은은 마식령스키장 준공식에 참석해 건설 책임자인 최룡해로부터 "마식령스키장은 인민에게 사회주의적 부귀영화를 누릴 수 있게 하려는 조선노동당 중앙의 인민에 대한 사랑이 일궈낸 고귀한 결실입니다"라는 찬양을 받는다.

2014년 1월 1일 김정은은 조선중앙TV를 통해 "작년에 우리 당은 강성대국의 건설을 지향하는 약동의 시기에 당내에 잠재되어 있던 분파의 오물을 제거하는 단호한 조치를 취했다. 마식령 속도로 마식령스키장을 비롯한 많은 시설을 단기간에 건설함으로써 새롭게 변모할 조국의 훌륭한 모습을 안팎으로 보여주었으며, 이에 인민의 행복한 웃음소리가 더욱 높게 울려 퍼지게 되었다"는 신년사를 발표했다.

문제는 입장료 20달러를 내고 스키장을 입장할 북한 주민은 거의 없다는 것이다. 더군다나 북한의 열악한 교통망으로 인해 중국인을 비롯해 해외에서 마식령스키장을 찾을 방문객도 거의 없다는 것이다.

더 심각한 문제는 김정은이 강조한 마식령 속도 때문에 2014년 5월 13일 평양시 평천 구역의 23층 간부용 신축 아파트가 마식령 속도를 앞세워 공사기간을 지나치게 서둘러 진행해 붕괴했다는 것이다. 이 아파트는 김정은 관저로부터 불과 2킬로미터 정도 거리에 있다고 한다. 이 붕괴 사고로 간부 가족 92세대, 500여 명의 사망자가 발생하여, 이에 대해 최부일 인민보안상이 공개사죄를 했다고 한다.

2013년 2월 12일 김정은은 함경북도 길주군에서 리히터 규모 4.9(미국 지질조사국은 리히터 규모 5.1)의 핵실험을 강행하여 전 세계 대다수 국가로부터 규탄을 받았다. 3월에는 1991년 체결한 남북불가침합의를 폐기하겠다고 발표한다.

2013년 2월 19일 김정은과 2012년 비공개로 결혼식을 올린 리설주 사이에서 딸 김주애가 출생한다.

2013년 12월 12일 김정은은 고모부 장성택을 반당·반혁명 분자로 몰아 고사총으로 100여 발을 난사해 처형하고, 화염방사기로 시신을 불태우는 패륜적 행위를 저지른다.

2016년 5월 6일 개최된 7차 당 대회에서 김정은은 조선노동당 위원장으로 추대된다. 또한 당 중앙위원회 위원, 당 정치국 상무위원과 당 중앙군사위원장 등 기존에 자신이 가지고 있던 당직에도 다시 선출된다.

김정은이 추대된 조선노동당 위원장이라는 직책은 김정은의 조부 김일성이 1949년 6월 북조선노동당과 남조선노동당을 합해서 조선노동당으로 통합하고 자신이 조선노동당 위원장으로 취임한 직책이다. 이는 김정은이 자신을 그나마 북한의 경제상황이 괜찮았던 시절의 통치자였던 조부 김일성과 동일시함으로써, 북한 주민들에게 김일성 시절의 향수를 불러일으켜 자신의 집권을 안정화시키려는 시도에 불과하다고 생각한다.

실제로 7차 당 대회를 앞두고 북한 노동신문은 김일성이 집권하고 있던 1960년대를 '황금의 시대'라고 하면서 '오늘 우리 세대가 아버지, 어머니들에게 자주 듣던 60년대 이야기, 참으로 보옥 같은 세월, 기름지고 열매가 주렁진 황금의 시대였다'면서 '이제 와서 보면 인민의 이상향이 저 멀리에 있는 꿈이 아니었다'고 보도하면서 북한 주민들에게 김일성의 존재를 이상화시켰다. 당시 북한은 소련과 중국 그리고 동구권의 지원 아래 연간 10 내지 20% 정도의 경제성장률을 이룬 것으로 알려진다.

이런 이유로 김정은은 7차 당 대회에 아버지 김정일의 점퍼 스타일 대신 조부 김일성을 따라 정장 스타일로 등장했으며, 김일성이 썼던 것과 유사한 뿔테 안경을 착용하고, 단상을 잡고 연설문을 읽는 등 김일성과 동일시하려는 의도를 보였다.

북한 노동당은 1946년, 1948년, 1956년, 1961년까지 다섯 차례의 당 대회를 개최하고, 19년 만에 1980년 6차 당 대회를 개최해 김일성에서 김정일에게로 권력세습을 분명하게 결정지었다. 이후 김정일은 자신이 죽을 때까지 한 번도 당 대회를 개최한 적이 없다. 주민 생활의 향상 없이는 7차 당 대회를 개최해서는 안 된다는 김일성의 유훈으로 인한 것이라고 전해진다. 따라서 2016년에 5월 개최된 7차 당 대회는 36년 만에 개최된 당 대회이다.

2016년 6월 29일 김정은은 국방위원회를 폐지하고 국무위원회를 신설했으며, 국방위원회 제1위원장 대신 국무위원회 위원장으로 취임하였다.

2017년 1월 1일 김정은은 모습이나 음성을 거의 드러내지 않은 은둔의 북한 통치자였던 아버지 김정일과 달리 5년째 육성으로 신년사를 한 뒤 이례적으로 고개 숙여 인사까지 했다. 신년사의 내용도 "나를 믿어주고 열렬히 지지해 주는 우리 인민을 어떻게 더 높이 떠받들 수 있겠는가 하는 근심으로 마음이 무거워진다", "언제나 늘 마음뿐이었고 능력이 따라서지 못하는 안타까움과 자책 속에서 지난 한 해를 보냈다", "올해는 더욱 분발하고 전심전력하여 인민을 위해 더 많은 일을 하겠다"는 등 북한의 절대 권력자로서 어울리지 않는 지나치게 겸손함을 보인 것으로 전해진다.

김정은의 이런 신년사 내용에 대해, 자신의 통치기반과 국가 장악력에 대한 자심감에서 나온 새로운 리더십 전략이라는 분석도 있다. 하지만 이보다는 북한 주민들의 삶의 질이 지속적으로 떨어지면서 김정은의 강압통치에 대한 불만이 증대되고, 이로 인한 탈북이 늘어나자, 결국 자신의 북한 통치에 치명적인 손상이 오는 것을 미연에 방지하기 위한 시도라고 생각한다. 김정은이 정말로 자신의 통치기반과 국가 장악력에 자신이 있다면 진즉에 핵폭탄을 포기하고 개혁과 개방으로 나아갔을 것이라고 생각한다. 김정은은 북한을 개방하는 그 순간 외부로부터 정보가 유입되어 자신의 권력이 끝난다는 사실을 알고 있을 것이라고 생각된다.

2. 김정은 부인 리설주

리설주는 1989년 9월 28일 함경북도 청진시 수남구역에서 태어났다. 리설주는 출생지가 함경북도 청진시인데 평양에서 교육을 받았으며 외국 유학까지 한 것으로 미루어봐서, 평범한 가정 출신이 아니라 사상적으로 상당히 상위계층 출신이라고 추정된다.

리설주 아버지는 공군 조종사 출신으로 공군대학 교원을 지낸 것으로 전해지며, 어머니는 수남구역 병원 산부인과 의사로 알려져 있다.

리설주는 평양 중구역의 경상유치원과 창전소학교를 다닌 것으로 전해진다. 이들 교육기관은 예술인재 양성기관으로 유명하며 김정은이 집권 후 가장 먼저 방문한 교육기관이다. 리설주는 이후 평양 금성 제2중학교를 졸업했다.

리설주는 2005년 8월 31일 한국 인천광역시에서 개최한 제16회 아시아육상경기선수권대회에 북한이 보낸 124명의 청년학생협력단원 중 한 명으로 5박 6일 동안 한국을 방문한 적이 있는데, 당시 금성학원 전문학부 1학년에 재학 중이었다고 한다. 당시 리설주는 청년학생협력단의 세 차례 공연에 나와 '꽃놀이'라는 노래를 부른 것으로 전해진다. 금성학원은 북한에서 유명한 예술 전문학교로 리설주는 여기서 본격적으로 성악을 배웠을 것으로 추정된다.

2007년 5월 중앙일보를 비롯한 한국 언론사 기자들이 금성학원을 방문했을 때도 기자들을 환영하는 학생 예술 공연에 참가해 동기들과 함께 7중창을 선보였다.

2008년 금성학원을 졸업한 뒤 1년 정도 중국과 독일 등 해외에서 유학한다. 그 후 김일성종합대학 박사원을 다니다 2009년에 은하수관현악단과 자주 협연하는 여성 6중창단인 모란봉중창단 단원으로 발탁된다. 은하수관현악단 협연 가수로서 리설주의 이력은 2010년 9월에 개최된 9월 음악회부터 2011년 2월에 개최된 설 명절 음악회와 북한에 체류하는 중국 고위층 인사들을 위한 특별공연까지로 상당히 짧은 편이었다.

북한 전문가들은 2011년 2월을 끝으로 리설주가 성악가 생활을 접고 김정은과 본격적으로 교제 혹은 동거를 시작한 것으로 보고 있다. 하지만 그 해 12월에 김정일이 갑작스럽게 사망했기 때문에 김정은과 리설주는 일단 장례식과 100일간의 애도기간이 지난 뒤에 비공개로 결혼식을 진행한 것으로 전해진다.

2012년 7월 6일 있었던 새로 조직된 모란봉악단의 시범공연 당시 인민군 총정치국장 최룡해와 함께 김정은의 바로 옆에 앉은 모습이 7월 7일 조선중앙방송을 통해 공식적으로 보도되었고, 같은 해 7월 25일 북한 관영매체들이 김정은의 릉라인민유원지 준공식 참석 소식을 전하면서 김정은이 부인 리설주와 함께 준공식장에 나왔다고 밝힘으로써 김정은의 정식 부인이라는 사실이 확인되었다.

당시 준공식 행사에는 북한 주재 중국 대사 부부를 포함해 다수의 북한 주재 외교관 부부들이 참석했다고 한다. 리설주는 류홍차이 중국 대사 부부와 악수를 하고, 다른 북한 주재 외교관들과도 대화를 나눴다고 한다. 리설주는 릉라인민유원지를 돌아보며 일반 북한 주민들에게는 파격적인 행동으로 비춰질 수 있는 김정은과 팔짱을 낀 모습을 보인 것으로 전해진다.

리설주가 김정은의 부인으로 공식 등장한 것은 2012년 7월 6일이지만, 2012년 5월 1일 평양 인민극장에서 노동절 경축 음악회를 관람했을 때 이미 김정은과 함께 있는 모습이 공개되었다. 당시 조선중앙통신사가 공개한 사진에서 리설주는 모든 관객이 김정은을 바라보며 박수를 보내는 상황에서 손뼉도 치지 않은 채 시선을 돌리고 있었던 것으로 전해진다.

고미 요우지(2014)는 『김정은, 누가 조종하는가?』에서 북한을 전문으로 하는 미디어 데일리 NK에 따르면, 북한 당국은 2012년 7월 이후 무렵부터 리설주가 등장하는 영상물을 회수하도록 북한 내 각 기관과 기업, 인민반으로 불리는 가족그룹에게 지시를 내렸다고 한다. 원래 북한에서는 연예인이었던 여성에 대한 거부감이 있어 김정은 어머니 고용희도 무용수 출신이지만 그 경력은 숨기고 있다고 한다.

리설주는 2012년 9월 김정은과 함께 평양 창전거리 아파트에 입주한 일반 가정집을 방문했을 때 노인에게 준비해 간 음식을 직접 차려 대접하고, 아이들에게 직접 만든 음식을 선물로 주고, 음식 조리방법을 알려주기도 하는 등 이전 김일성이나 김정일 때의 부인들과는 다른 파격적인 행보를 하면서 북한 주민들에게 적극적으로 친근감을 표시하는 것으로 전해진다.

2012년 11월에는 공개석상에 펑퍼짐한 임산부 스타일의 옷을 입고 나타나 임신한 것으로 보였으며, 2013년 1월 1일 모란봉악단 신년경축공연에 배가 홀쭉한 모습을 보여 출산한 것으로 추정되었다. 김주애의 출생일이 2013년 2월 19일로 알려져 있는데 리설주의 임신 모습과 딸 김주애의 출생일이 맞지 않아, 북한의 어떤 숨겨진 의도로 인해 리설주의 출산 시기를 인위적으로 조절했을 가능성이 있는 것으로 추정된다.

리설주는 기존의 북한 미디어에 등장하던 고위층 여성들과 비교하면 매우 화려한 모습을 하고 있는 것이 사실이며 상당한 과시욕을 가지고 있는 것으로 보인다. 북한의 일반 여성들과 달리 해외 명품과 패션에 관심이 많아 북한 통치자의 부인으로서는 처음으로 공식석상에 바지를 입고 나타나기도 하고, 티파니 목걸이를 착용하거나 크리스찬 디올 핸드백 등을 들고 공개석상에 나타나기도 한다. 또한 김정은과 팔짱을 끼는 모습이나 일반 가정을 방문해 식사를 만드는 파격적인 모습을 보이기도 한다.

2016년 12월 4일 북한 중앙통신은 김정은이 리설주와 함께 인민군 항공 및 반항공군 비행 지휘성원(지휘관) 전투비행술 대회를 참관했다고 보도했다. 2016년 3월 28일 김정은을 따라 평양 보통강변에 새로 건설된 미래상점 방문 이후 9개월 만이다. 9개월 정도 모습을 보이지 않던 리설주와 관련해 그동안 출산설, 김정은과의 불화설, 당 선전선동부 부부장인 김여정의 견제설 등이 제기되기도 했다.

김정은의 형제들 07

1. 김설송

김정일과 두 번째 부인인 김영숙 사이에서 1974년 12월 30일 태어났다. 김설송 밑으로 북한 언론매체에 노출되지 않고 있는 김춘송이라는 여동생이 있는 것으로 전해진다.

김설송은 김일성종합대학 정치경제학과를 졸업했으며 주변으로부터 영민하다는 평가를 받는다고 전해진다.

김설송은 조직지도부 부부장을 맡고 있었지만, 김정은 정권부터 조직지도부 부장을 맡고 있는 것으로 알려져 있다. 김설송은 현재 조직지도부 부장으로서 간부들의 일거수일투족을 평가하고, 재정경리부까지 관장하고 있으며, 김정은의 비자금 관리부서인 '39호실'을 담당하고 있어 북한에서 상당한 권력을 갖고 있는 것으로 전해진다. 김정은은 이복누나 김설송에게 자문을 구하고 누나로서 예우해 주는 것으로 전해진다.

김정은이 김설송을 중용하는 것은 자신의 친형인 김정철과 달리 이복누나인 김설송은 자신의 지위를 위태롭게 하지 않을 것이란 확신이 있기 때문이라고 생각한다. 김정은은 남을 지나치게 의심하는 편집증으로 인해 친형인 김정철마저도 자신의 지위를 언제든지 위태롭게 할 수도 있다는 의심을 가지고 있다고 생각한다.

2. 김정남

김정일과 첫 번째 부인 성혜림 사이에서 1971년 5월 10일 태어났으며, 실질적으로 김정일의 장남인 셈이다.

김정남의 존재를 김일성이 안 것은 1975년 무렵, 즉 김정남이 네 살 지나서였다고 한다. 김일성은 처음에 상당히 화를 냈지만 어쩔 수 없는 상황이라 자신의 손자로 받아들였다고 한다.

김일성도 자신의 건강을 담당하던 간호사와의 사이에서 김정남과 출생 연도가 같은 김현이라는 아들이 있었기 때문에, 김정남의 존재에 대해 김정일을 야단치는 것은 무리가 있다고 생각했을 것이다. 또한 교활한 김정일이 아버지 김일성의 약점인 김현의 존재를 파악한 뒤, 그 사실을 이용해 김정남의 존재를 김일성에게 알렸다고 볼 수도 있다.

이윤걸의 『김정일의 유서와 김정은의 미래』에 따르면, 김정일이 유서에서 자식들을 걱정하며 특히 김정남을 많이 배려해야 한다면서, 김정남이 나쁜 아이가 아니니 애로를 많이 배려해 주라는 명령조의 유언을 남겼다고 한다.

김정남의 어린 시절에 대해서는 공식적으로 알려진 것이 거의 없다.

그나마 김정남의 이모인 성혜랑의 자서전『등나무집』과 성혜랑의 아들이자 김정남의 사촌인 이한영의『김정일 로열패밀리』를 통해 김정남의 어린 시절 일부를 알 수 있는 정도이다. 따라서 김정남의 어린 시절에 대해서는 두 책의 내용을 인용해 서술하고자 한다.

이한영은 김정남이 다섯 살 때인 1976년부터 자신이 한국으로 탈출한 1982년까지 매해 김정남의 생일을 지켜봤다고 한다. 이한영(2004)에 따르면, 북한에는 김정남의 5월 10일 생일에 대비해 호위사령부에 선물구매 담당 부서가 있고, 생일선물 구매를 위해 일본을 비롯해 홍콩, 싱가포르 심지어는 독일과 오스트리아까지도 간다고 한다. 선물 규모는 백만 달러 정도라, 이한영이 보기에는 김정일이 김정남한테 하는 선물 규모를 보면 한국 재벌들이 좀스럽게 보일 정도라 한다. 선물에는 다이아몬드가 박힌 시계가 있고, 금도금한 장난감 권총도 있으며, 특히 아이들의 관심을 끌 만한 전자오락기구는 값에 관계없이 모두 구입해 선물한다고 한다.

김정남은 5월 10일 생일날에는 인민군 원수복을 입고 명예위병대를 사열한 뒤 김정일 손을 잡고 3백 평 정도 되는 오락실로 들어가 선물을 둘러본다고 한다. 또한 김정남의 생일마다 러시아 육해공군 원수복과 북한 인민군 원수복을 맞춰준다고 한다. 김정남은 매년 생일마다 계급이 진급했는데 세 살 때 소장, 네 살 때 중장, 다섯 살에 상장, 여섯 살에 대장, 일곱 살에 원수, 여덟 살 때는 대원수로 진급했다고 한다. 김정일이 계급장을 군복에 달아주었으며, 여덟 살 이후 관저에서는 김정남을 '대원수 동지'로 불렀다고 한다. 김정일은 김정남의 이름을 부르거나 간혹 '부관'이라고 불렀다고 한다.

김정일은 어린 김정남을 상당히 사랑했다고 한다. 김정남이 서너 살 때 쉬하고 싶다고 하자 내의만 입은 김정일이 우윳병을 들고 김정남의 오줌을 직접 받아내는 것을 비디오로 촬영한 영상도 있다고 한다.

김정남이 어느 정도 자라서는 그러지 않았지만, 서너 살 때는 김정일이 혼자 식사할 때 넓은 식탁에 올라가 "빠빠 맛있니?" 하며 김정일에게 애교를 부렸고, 김정일은 이런 김정남을 귀여워했다고 한다.

하루는 김정남이 발치를 하지 않겠다며 관저에서 생떼질을 하고 난리가 나서 이모 성혜랑이 아무리 달래도 듣지 않아, 김정일에게 연락해 김정일이 집으로 와서 달래도 막무가내였다고 한다. 할 수 없어 김정일이 "어떻게 하면 이 뽑을래?" 하니까 김정남이 "빠빠하고 똑같은 자동차 한 대 달라"고 했다고 한다. 김정일이 사주겠다고 약속하고 간신히 발치했는데 김정일이 실제로 캐딜락을 사줬다고 한다.

이한영은 김정남이 어린 시절 김정일 관저에 있는 한국의 동화책들을 읽어주면 의외로 관심을 보였다고 한다. 그중에서도 이윤복의 『저 하늘에도 슬픔이』를 이한영이 읽어주자 특히 관심을 많이 보였다고 한다. 보통 다른 동화책을 읽어주면 20분 정도 지나면 잠이 드는데, 『저 하늘에도 슬픔이』를 읽어주니 20분이 지나도 자지 않고 눈물을 훌쩍거리더니 "이윤복이 지금 뭐하고 있을까? 아직도 배고플까?" 하고 물었다고 한다. 얼마 지나 이한영이 김정남과 차를 타고 가는 도중에 평양 보통강변에서 옷을 남루하게 입은 애가 걸어가는 모습을 보더니 김정남이 "저 애는 이윤복이 같네" 하고 중얼거렸다고 한다.

이윤복은 1959년 대구 명덕초등학교 1학년 때, 남편의 술주정과 도박으로 인해 가출한 어머니 대신 구두닦이와 신문팔이를 하면서 아버지와 두 여동생과 남동생을 보살핀 소년 가장이었다. 1962년 이윤복이 초등학교 4학년 때, 반 아이들의 일기장을 검사하던 담임교사가 이윤복의 어려운 사정과 글 솜씨를 알고서는, 이윤복을 돕기 위해 다음 해 일기장 내용을 그대로 옮긴『저 하늘에도 슬픔이』라는 제목의 단행본을 출간했다. 1965년 동명의 영화가 만들어져 당시로서는 상상하기 힘든 30여만 명의 관객을 기록했다. 그 후 이윤복의 가정형편이 나아져 가출했던 어머니도 돌아오고 가족 전체가 화목했지만, 이윤복은 1990년 서른여덟 살의 젊은 나이에 만성간염으로 사망했다.

김정남은 어린 시절 한국 텔레비전 방송도 시청했다고 한다. '코미디 올스타 청백전'을 시청하고, 만화 프로그램은 거의 다 보았다고 한다. 영화는 활극영화를 좋아했고, 신성일이 나오는 영화나 장동휘가 나오는 명동 깡패영화를 자주 봤으며, 특히 허장강이 나오는 영화를 좋아했다고 한다.

1978년 납북된 영화배우 최은희가 김정일 관저에서 김정일, 성혜림과 함께 식사하는데, 김정남이 최은희를 보더니 "어? 사랑방 손님과 어머니네?"라고 했다고 한다. 김정남이 최은희가 주연한 한국 영화 '사랑방 손님과 어머니'를 본 적이 있다는 의미이다. 최은희는 이때 "자제분이 예쁘다"며 쓰다듬어 주었고, 김정남이 이름을 물어봐 "최은희"라고 하자 "이름이 곱다"고 말했다고 한다.

1979년 김정남은 당시 한국의 코미디 황제 이주일 흉내를 내며 "일단 한번 와 보시라니깐요", "머리를 아롱 드롱처럼 해주세요" 하며 관심을 보였는데, 어느 날 김정남이 돈을 얼마든지 줄 테니 당장 이주일을 자기 앞에서 공연시키라고 관저 책임자에게 생떼를 부렸다고 한다. 하는 수 없이 이주일 닮은 사람을 한 명 선발해 일주일 동안 강훈련을 시켜 김정남 앞에서 공연하게 했더니, 김정남이 20분 정도 공연을 보더니 "수고했어, 연극 꾸미느라 고생 많았네. 연습 많이 해야겠는데" 하며 "이주일이 아니라는 것을 처음부터 알았어" 하더니 자기 방으로 들어가 버렸다고 한다.

김정남은 북한 국내에서 정규교육을 받지 않고 1980년 가을 스위스 제네바 국제학교에 입학한다.

김정일은 김정남을 위해 제네바 교외 레만 호숫가 고급 주택가에 대지 2천5백 평에 건평이 5백 평쯤 되는 단독주택을 구입하고, 김정남의 이모인 성혜랑과 외조모 김원주 그리고 경호원들과 운전사를 포함해 여러 명의 수행원을 파견했다고 한다.

입학 당시 스위스 주재 한국 대사가 노신영이었는데, 노신영이 김정남에게 다가가서 어느 나라에서 왔느냐고 물었더니 "피양서 왔시오"라고 대답했다고 한다.

1982년 김정남이 거주하고 있던 주택 부근에서 한국 대사관 차가 자주 목격되어 피해를 입을까 봐 불안해져, 김정남을 소련 모스크바에 있는 프랑스 대사관 부설학교로 전학시킨다.

1985년 소련의 고르바초프가 페레스트로이카를 선포하자 김정일은 소련에 대해 정치적 적대감을 느끼고, 이제 더 이상 소련은 북한의 우방이 아니라 믿을 수 없는 국가로 생각하게 된다. 이에 따라 김정남의 신변을 걱정해 차라리 변질한 소련보다는 중립국 스위스가 믿을 만하다며 김정남을 다시 스위스 제네바 국제학교로 편입시킨다.

1986년경 김정남이 불안정한 정서와 방황하는 태도를 보여 스위스를 떠나 북한으로 귀국하게 한다.

김정남은 IT(정보기술)분야에 관심이 많은 컴퓨터광으로 알려져 있으며, 1998년부터 북한의 IT정책을 주도하는 조선컴퓨터위원회 위원장을 맡기도 했다. 또한 해외 유학으로 영어와 프랑스어에 능통하며, 독일어와 중국어 그리고 프랑스어도 수준급이며, 국제사회의 정보에 밝은 개혁·개방주의자로 전해진다.

1995년 김정남은 인민군 대장 계급을 받는 등 한때 김정일의 후계자로 관심을 모으기도 했지만, 1996년 이모인 성혜랑이 서구로 망명한 뒤 입지가 흔들리기 시작했다. 이런 문제들에 더해 북한에 중국식 개혁·개방을 도입해야 한다는 견해를 표명한 일, 2001년 4월 도미니카공화국의 위조여권으로 일본에 밀입국하려다가 적발되어 중국으로 추방된 일 등이 겹쳐, 김정일의 눈 밖에 벗어나 후계구도에서 밀려난 것으로 추정된다.

이후 김정남은 주로 중국과 마카오 등지에 머물면서 김정일로부터 직접 지시를 받는 무기수출 총책임자로, 또한 김철이라는 가명으로 김정일의 비자금을 관리하는 조선노동당 39호실의 총책임자로 활동한 것으로 전해진다.

2008년 10월 27일 일본 후지TV의 뉴스네트워크인 FNN은 김정남이 1주일 전 프랑스 파리의 한 병원을 방문해 신경외과 전문의를 만났으며 약 2시간 후 병원에서 나오는 모습을 방영했으며, 이후 이 신경외과 의사가 평양으로 떠났다고 보도했다. 이 의사는 김정일의 치료를 위해 가느냐는 취재진의 질문에 부정하지 않았다고 한다. 2008년 여름 무렵 김정일이 뇌졸중으로 건강에 이상이 생겼다는 시기에서 얼마 지나지 않아서였다. FNN의 보도는 김정남이 비록 후계구도에서 밀렸는지 몰라도, 김정일의 건강상태에 어느 정도 적극적으로 관여하고 있었다는 의미라고 볼 수 있다. 그래서 김정일이 유언으로 '김정남을 많이 배려해야 한다. 그 애는 나쁜 애가 아니다. 그의 애로를 덜어주도록 할 것'이라는 내용(이윤걸, 2012)을 남겼다고 생각한다.

김정남은 2009년 이후 이복동생 김정은이 후계자로 떠오르면서 후계구도에서 완전히 밀려났다. 이후 사실상 해외 망명생활을 하면서, 2010년에는 북한 권력의 3대 세습을 반대한다는 의견을 표명하기도 했다.

김정남은 아버지 김정일이 사망했을 때, 이복동생 김정은의 견제를 받아 북한에 입국하지 못하게 된다. 김정남은 장남이면서도 아버지 장례식에 참석하지도 못하고, 국가장의위원회 명단에도 포함되지 못하는 기이한 상황을 겪게 된다.

결국 김정남은 2017년 2월 13일 말레이시아 쿠알라룸푸르 공항에서 김정은의 지시를 받은 것으로 추정되는 암살단에 의해 독살되어 비극적으로 생을 마감한다.

3. 김정철

　김정철은 김정일과 세 번째 부인 고용희 사이에서 1981년 9월 25일 태어났다. 현재 북한 통치자 김정은의 하나밖에 없는 친형이기도 하다.

　이윤걸은 자신이 쓴 책 『김정일의 유서와 김정은의 미래』에서 김정일은 유서에 김정은의 동복형인 김정철에 대해서 그냥 자식 걱정하는 식구 중 한 명으로 간접적으로 표현했을 뿐 김정철의 이름은 거론하지 않았다고 한다. 김정철의 유순한 성격으로 미루어볼 때, 김정일은 자신의 후계자로 김정은을 결정한 것에 반발해 북한 내부에서 권력투쟁을 일으킬 가능성이 없다고 판단했을 수 있다.

　실제로 김정철은 음악을 좋아하고, 여성에 관심이 많고, 친구와 어울려 놀기 좋아하고, 권력에 대한 야욕이 없고, 의협심과 동정심이 많으며, 어려서부터 동생 김정은에게 매사 양보한 것으로 전해진다.

　이런 이유로 김정철은 친동생 김정은이 김씨 왕조의 후계자로 확정된 2010년 9월 이후 공식적으로 북한 매체에서 거의 언급되지 않고 있다.

　2016년 8월 한국으로 망명한 태영호 영국 주재 북한 공사에 따르면, 2015년 5월 김정철이 에릭 클랩튼의 공연을 보기 위해 런던을 방문했을 당시 김정철을 밀착 수행한 적이 있는데, 김정철은 북한에서 아무런 역할과 지위가 없었다고 한다. 태영호는 김정일이 후계자로 왜 김정철이 아닌 김정은을 선택했는지 모르겠다고 언급했다.

　김정철은 동생 김정은과 같이 북한 내에서 공교육을 받지 않고 개인적으로 교육을 받다가 1993년 9월부터 1998년 8월 무렵까지 '박철'이라는 이름으로 이모 고용숙과 이모부 리강의 아들로 위장해 스위스 베른 국제학교를 포함해 5년간 스위스 유학생활을 한 것으로 전해진다.

1998년 김정철은 졸업을 앞두고 갑자기 북한으로 귀국했는데, 이는 이모 고용숙 부부의 1998년 미국 망명 사건으로 인해 더 이상 스위스 유학생활을 지속하기 어려웠기 때문이라고 생각된다.

김정철은 1998년 북한으로 귀국 후 김정은처럼 김일성군사대학에서 군사학 교육을 받은 것으로 추정되고 있다.

김정철이 다니던 스위스 베른 국제학교 교장이었던 데이비드는 김정철에 대해 스포츠를 즐기고, 학교수업에 성실했으며, 유머 감각이 있는 평범한 학생이었다고 회고했다.

김정철은 스위스 유학시절 친구들로부터도 좋은 평가를 받았으며, 친구들은 김정철이 북한의 좋은 지도자가 되어 평화로운 나라를 만들기를 기대했다고 한다.

정성장 세종연구소 수석연구위원에 따르면, 김정철이 1990년대 중반 작성한 '나의 이상적인 세계'라는 제목의 시에서 '내가 만약 나만의 이상적인 세계를 가질 수 있다면, 더 이상 무기와 원자폭탄을 허용하지 않을 것이다. 할리우드 스타 장 클로드 반담과 함께 모든 테러리스트를 무찌를 것이다. 사람들이 마약을 하지 못하게 만들 것이다'라고 썼다고 한다.

후지모토 겐지(2010)에 따르면, 김정철은 장 클로드 반담을 좋아해서 그의 영화를 여러 편 봤다고 한다. 또한 그의 근육질 몸매에 매력을 느껴 프로틴 같은 스포츠 음료를 마시며 근육을 단련하기 시작해 언제부터인가 김정철의 몸은 멋진 근육질 몸매로 변해 있었다고 한다. 그런데 2006

년 6월 에릭 클랩튼의 독일 공연에 나타난 김정철의 모습이 일본 후지TV 카메라에 포착되었는데, 이때의 영상에는 어릴 적부터 근육질이었던 김정철의 몸이 퉁퉁하게 변해 있었다고 한다. 김정철은 10대 때부터 김정은과 달리 이성에 관심이 많아 열다섯 살인가 열여섯 살이었을 때 여동생 김여정의 여자 수행원에 푹 빠졌던 적도 있었다고 한다. 이 무렵 김정은은 음악과 게임은 좋아했지만, 김정철과 달리 이성에는 관심을 보이지 않았다고 한다.

2006년 6월 독일을 여행 중인 김정철의 모습이 일본 후지TV에 보도되었는데, 이 여행은 여성호르몬 과다분비에 대한 치료를 받기 위한 것이라는 추측도 있었다. 김정철은 이 여행 중 기타의 신으로 알려진 에릭 클랩튼의 프랑크푸르트를 비롯한 독일 내 4개 도시에서 개최된 콘서트에 네 번 모두 참가할 정도로 에릭 클랩튼의 연주에 빠져 있었던 것으로 보인다.

이 사건은 김정일의 후계구도와도 밀접한 관련이 있다고 생각된다. 북한 주민들은 경제난으로 삶이 힘든 상황인데, 통치자 김정일의 아들은 해외에서 음악 콘서트를 관람한 것이 북한 지도부에 결코 좋은 이미지를 줄 수 없기 때문일 수 있다. 또는 이와 반대로 이 무렵 김정은으로의 세습이 이미 결정되었기 때문에, 후계구도에서 밀려난 김정철은 김정일을 포함한 북한 원로들의 눈치를 볼 필요 없이 자신의 취미생활 중 하나인 콘서트 참여에 탐닉했을 수도 있다.

권력보다 음악과 농구를 좋아하는 김정철은 2000년대 중반까지만 해도 김정일의 후계자로 거론되었었다. 하지만 최종적으로 김정일은 '김정철이 여자아이 같고, 배짱이 없으며, 결단력도 없다'며, 자신을 닮았다고 생각하는 김정은을 후계자로 결정했다.

김정철은 2011년 2월 14일 아버지 김정일의 생일을 이틀 앞두고 에릭 클랩튼의 싱가포르 공연장에서 여동생 김여정으로 추측되는 여성과 10여 명의 친구들 그리고 경호원들과 함께 목격되었다. 또한 2015년 5월 20일경에도 에릭 클랩튼의 싱가포르 공연장에서 신원미상의 여성과 함께 목격되기도 했다.

2016년 10월 한국 국가정보원은 "제 구실도 못하는 나를 한 품에 안아 보살펴주는 크나큰 사랑에 보답하겠다"고 김정철이 최근 동생 김정은에게 보낸 감사편지의 한 구절을 공개했다. 김정철은 권력에서 철저히 소외된 채 감시를 받으며 생활하고 있으며, 술에 취해 헛것이 보인다고 하고, 호텔에서 술병을 깨고 행패를 부리는 등 정신불안 증세도 보인다고 한다. 이런 처지에서 남편 장성택이 김정은에게 처형당하고 권력에서 밀려난 고모 김경희와 동변상련의 신세를 느끼면서 가끔 김경희를 방문해 안부를 물으며 지내고 있다고 한다.

4. 김여정

김여정은 김정일과 세 번째 부인 고용희 사이에서 1989년 9월 26일 태어났다. 김여정의 어린 시절에 대해서는 오빠 김정은과 함께 1990년대 후반 스위스에서 수년간 유학생활을 했다는 것 이외에는 알려진 것이 거의 없다.

　김여정은 2012년 7월 평양 릉라인민유원지 개관행사에서 고위 관리들이 김정은 부부를 박수로 환영할 때, 홀로 화단 위에 서서 이를 물끄러미 지켜봤다. 고모 김경희도 줄을 맞춰 선 뒤 부동자세를 취했지만 김여정은 달랐다. 김정은이 도열한 간부들과 악수할 때 화단을 넘어 뜀박질하듯 광장을 가로지르기도 했다. 또 김정은이 꽃다발을 받고 거수경례를 하자 재미있다는 듯 함박웃음을 터뜨리며 손뼉을 치기도 했다.

　2012년 11월 19일 조선중앙TV는 김정은이 기마중대 훈련장 시찰 때 김여정이 고모 김경희와 함께 말을 탄 장면을 공개했다. 이른바 백두혈통인 김일성 가계에서 김여정의 위상을 상징적으로 보여주는 장면이다. 과거 김경희가 오빠 김정일을 챙겼듯, 김여정이 오빠 김정은을 가까이에서 챙기면서 최고 실세가 될 것이라는 전망이 나오는 이유다. 이런 이유로 북한 권력층 내부에서는 '권력으로의 모든 길은 김여정으로 통한다'는 의미의 '만사여통'이란 말이 회자되고 있다고 한다.

　2014년 김여정은 당 선전선동부 과장에서 당 선전선동부 부부장으로 승진해 북한 내 모든 언론매체를 장악해 철저한 검열을 시행하고 있으며, 외부로부터의 정보를 차단하고 북한 주민들을 집단 세뇌하는 작업을 하면서 김정은 우상화 및 보좌 업무를 맡고 있는 것으로 전해진다. 또한 김여정은 선전선동부뿐만 아니라 인사와 조직을 총괄하는 조직지도부와 김정은의 비서실 역할을 하는 서기실도 장악해 상당한 실권을 가지고 있는 것으로 전해진다.

　김여정이 선전선동부 부부장으로 승진하자 북한의 괴벨스로 알려진

80대의 김기남 선전선동부장과 리재일 제1부부장 그리고 60대의 최휘 제1부부장 등은 지방으로 내려가 육체노동을 하는 혁명화 교육을 받은 것으로 전해진다.

2016년 5월 9일 폐막한 7차 당 대회에서 김여정은 당 중앙위원회 위원 129명 중 42번째로 호명되었다. 당 중앙위원회 위원은 당 요직인 정치국 위원으로 가는 과정이다.

현재 김여정의 표면적 직책이 선전선동부 부부장이지만 정치국 상무위원들을 포함해 누구도 함부로 대하지 못하는 것으로 알려져 있다.

PART 2
김정은의 정신병리

01 출생 시 정서상태

아이가 태어나서 성격이 어떻게 형성되어 갈지는 아이 자신이 가지고 태어나는 기질(temperament)과 태어난 뒤 주변 환경이 아이에게 어떤 영향을 미치느냐에 따라 결정된다.

아이가 아무리 힘든 기질(difficult temperament)을 가지고 태어나더라도 주변 환경이 아이에게 좋으면 아이는 정서적으로 별다른 문제없이 성장해 갈 수 있다. 아무리 쉬운 기질(easy temperament)을 가지고 태어나더라도 주변 환경이 아이에게 적절하지 않으면 아이의 성격이 제대로 형성되어 가기 힘든 경우를 종종 볼 수 있다. 더군다나 아이 엄마가 임신 때부터 아이를 갖게 된 것에 회의적인 마음을 가지거나, 자신을 포함해 주변 여러 가지 상황을 고려할 때 뱃속의 아이가 태어나지 않는(unwanted baby) 것이 좋을 것 같다는 생각을 하게 되면 그러한 생각으로 인해 임산부의 정서가 불안정해진다. 임산부의 불안정한 정서 상태는 태아에게 그대로 전달되어 태생적으로 불안정한 정서를 지닌 아이가 태어날 가능성이 높아진다.

김정은의 경우는 어떠했을까?

인간이 태어날 때 정서적으로 안정감을 가지고 태어나려면, 가장 중요한 것 중의 하나가 태아를 가진 임산부가 정서적으로 안정되어 있어야 한다는 것이다.

김정은의 경우, 어머니 고용희가 김정은을 임신했을 때 정서적으로 안정되어 있었다고 볼 수 없다.

김정은의 어머니 고용희는 1953년 일본 오사카에서 태어나 1962년 가족과 함께 북송선을 타고 북한으로 건너간 재일교포 출신이다. 북한에서 재일교포는 '째포'라고 불리며 우대받지 못하는 계층에 속한다. 북한은 재일교포 출신들에 대해, 일본 식민지 시절 때 항일운동을 하지 않고, 일본으로 건너가 일본에 협력하며 잘 먹고 잘 살았다고 생각하기 때문에 재일교포 출신들은 믿을 수 없다며, 공직선출이나 대학 진학 등에서 여러 사회적 불이익을 주고 있는 것으로 전해진다. 이런 북한의 현실은 재일교포 출신인 고용희에게 상당한 심리적 부담감을 주었을 것으로 생각된다.

2017년에 접어들면서 집권 6년째를 맞은 김정은이 조부 김일성이나 아버지 김정일과 달리 자신의 생일인 1월 8일 날 공개적인 축하행사를 하지 못한 것은 어머니 고용희가 재일교포 출신이기 때문이라고 추정되고 있다. 김정은이 자신의 생일행사를 하면 당연히 어머니 고용희도 거론되어야 하는데, 고용희가 재일교포 출신임이 북한 주민들에게 공개적으로 알려지면, 북한에서 은밀히 나도는 '김정은은 백두혈통이 아니라, 후지산 줄기에 불과하다'는 사실이 확인될 수 있어 김정은의 백두혈통 주장에 치명상을 입을 수 있기 때문이다.

김정은이 자신의 친조모이자 김일성의 첫 번째 부인인 김정숙 우상화 작업을 하면서도, 정작 자신의 어머니인 고용희를 우상화하지 못하는 이유도 고용희의 출신성분 때문이다.

고용희는 재일교포라는 불리한 출신성분에 더해 무용수 출신이기도 하다. 북한 사회에서 무용수 출신은 한국 사회에서와 달리 평판을 좋게 받지 못한다고 한다. 고용희는 1971년에 만수대예술단에 들어가 무용가로 활동하기 시작해, 1975년 김정일의 비밀파티에 파트너로 참석하고, 1976년부터 김정일과 동거하기 시작했다.

고용희와 김정일 사이에서 1981년 김정철, 1984년 김정은 그리고 1989년 김여정이 태어났다. 하지만 이미 김정일에게는 첫 번째 부인인 성혜림과의 사이에서 1971년에 태어난 김정남이 있었고, 두 번째 부인인 김영숙과의 사이에서 1974년에 태어난 김설송도 있었다.

전 남편과의 사이에서 이미 딸이 하나 있는 유부녀 성혜림은 김일성이 공식적인 며느리로 인정하지 않으려 했지만, 여하튼 김정남은 김씨 왕조의 시조인 김일성의 첫 번째 친손자라는 사실을 부인할 수 없고, 당시로서는 결국 김정남이 김정일의 후계자가 될 가능성이 제일 높다고 볼 수 있었다. 이렇게 되면 김정일이 곁가지를 숙청한다며 자신의 이복형제들을 해외로 모두 보냈듯이, 고용희 자신의 자식들이 후일 김정일의 이복형제들인 김경진, 김평일 그리고 김영일의 전철을 밟을 것이라는 불안한 마음을 가졌다고 볼 수 있다. 김일성은 김정은이 태어나고 몇 년이 지나서야 그 존재를 알게 되었고, 처음에는 첩의 자식이라고 보려고도 하지 않은 것으로 알려져 있다.

김정일의 두 번째 부인인 김영숙은 아들을 낳지는 못했지만, 김정일의 네 여자들 중에서 유일하게 김일성이 직접 결정해 주고, 공식적으로 인정한 며느리이다. 따라서 김영숙은 김씨 왕조의 공인된 왕세자비에 해당한다고 볼 수 있다. 더군다나 김영숙의 딸 김설송은 어릴 때부터 총명해 김일성이 무릎에 앉혀놓고 응석을 받아줄 정도였다고 한다.

이와 같은 김씨 왕조의 분위기로 미루어볼 때, 고용희는 1994년 7월 8일 김일성이 사망하고, 그 후 김정일이 김씨 왕조의 권력을 완전히 세습할 때까지 결코 정서적으로 안정되어 있었던 상태는 아니었다고 판단된다.

고용희의 경우와 같이 정서적으로 안정되어 있지 않은 상태에서 임신하게 되면, 임산부의 불안정한 정서상태가 태아에게 부정적인 영향을 미치게 된다. 이런 상황에서 태어난 아이는 자라면서 김정은과 같이 편집증, 과시주의와 과대망상, 구원환상, 예측하기 어려운 충동성, 낮은 수준의 도덕발달 등 여러 가지 정신병리적인 문제를 일으킬 가능성이 높아진다.

02 편집증

편집증을 가진 사람은 의심이 많아 주변 사람들을 신뢰하지 않으며, 확실한 근거도 없이 다른 사람들이 자신을 이용하려 한다거나, 자신에게서 무엇인가 빼앗으려고 한다거나, 자신에게 해악을 끼칠 것이라는 피해의식을 갖는다. 따라서 자신이 해악을 당하기 전에 먼저 상대방을 공격해서 제압하거나 없애버려야 자신이 피해당하는 것을 피할 수 있다는 생각도 한다. 이런 이유로 아무 잘못도 없는 사람이 편집증을 가진 사람에게 예상하지 못한 공격을 당하는 경우를 주변에서 드물지 않게 볼 수 있다.

편집증을 가진 사람은 주변 사람들이 선한 동기를 가지고 도움을 주더라도 그 도움을 주는 이유에는 어떤 다른 의도가 있을 것이라는 의심을 가지고 도움을 거절하는 경우가 있다.

편집증을 가진 사람은 때로는 야망이 있어 보이고, 정력적으로 일하고, 유능하다는 평가를 받는 경우도 있다. 그렇지만 편집증을 가진 사람이 실제로 유능한 것만은 아니다. 그보다는 주변으로부터 자신이 좋은 평가를 받지 못할까 봐, 빈틈없이 완벽하게 일해 조금이라도 트집을 잡히지 않겠다는 생각으로 일에 집착하다 보니 유능하다는 평가를 받는 것에 불과할 따름이다.

편집증의 한 형태로 의처증이 있다. 실제로 부인이 바람을 피우는 것도 아닌데 남편이 부인을 신뢰하지 않고 의심하는 경우이다. 부인이 방문판매하는 사람과 잠시 상품에 대해 의견을 교환했을 뿐인데, 상황을 정확히 파악하지도 않고 바람을 피우는 증거라고 난리치는 경우도 있다. 실상은 편집증을 지닌 남편 자신이 혼외정사에 대한 무의식적 소망을 가지고 있으면서, 자신은 순수한데 부인이 순결하지 못해 바람을 피운다고 부인에게 자신의 무의식적 소망을 투사(projection)해 부인을 의심하는 것이다.

사이비 종교단체에서도 흔히 편집증 양상을 볼 수 있다. 자신들의 사이비 종교관 이외에는 전부 틀린 것이고, 나쁜 것은 자신들이 아니고 자신들을 비난하는 정통적인 종교단체라는 것이다. 자신들은 옳은데 정통적인 종교단체로부터 사이비로 몰려 억울하게 박해를 받는다는 집단적인 피해의식을 보이기도 한다.

편집증을 지닌 사람들은 다른 사람들을 신뢰할 수 없기 때문에 남의 도움이 절실히 필요한 경우에도 도와주려는 선한 동기를 의심해 도움을 거절하고, 남과 협업할 필요가 없고 스스로 자립적으로 할 수 있다는 주장을 펼치는 경우가 많다. 또한 남의 지적에 자존감이 쉽게 상처받기 때문에 남의 조언을 잘 받아들이려 하지 않는다.

사이비 종교의 교주, 독재자, 정치집단의 지도자 중에 편집증을 보이는 경우가 많은 것으로 알려져 있다.

김정은의 경우는 어떠할까?

김정은은 권력을 세습한 후 북한의 가장 중요한 우방국들인 중국과 소련을 방문하지 않고 있다. 표면적으로는 방문조건이 맞지 않아서라고 하는데, 또 다른 이유는 김정은 자신이 북한 내에 없을 때 반란이 일어나 권좌에서 축출될 수 있다는 의심 즉 편집증 때문일 수도 있다.

편집증이 있으면 주변 사람들에 대한 지나친 의심으로 자신이 피해를 입을 수 있다는 피해의식이 생기고, 이 피해의식에서 벗어나기 위해 자신이 피해를 당하기 전에 자신에게 피해를 줄 상대방을 없애버려야 한다는 생각으로 상대방에게 무자비한 공격성을 보이게 된다.

김정은은 노동당 부부장급 이상과 인민군 소장급 이상에 대해 집권 1년차인 2012년에는 3명 정도 숙청하더니, 2013년에는 30명, 2014년에는 40명, 2015년에는 60명 정도를 숙청해 제거한 것으로 전해진다. 점차 증가하는 숙청 대상자 수치를 통해 김정은의 편집증상이 갈수록 심해지는 양상을 보이고 있다는 것을 알 수 있다.

김정은은 편집증으로 인해 주변을 의심하여 도청 등을 통해 끊임없이 감시하고 충성심을 시험한다.

김정은은 하나뿐인 고모부 장성택이 자신의 권력을 찬탈하는 것이 아닌지 의심해, 2013년 12월 12일 고사총으로 100여 발 이상을 난사해 처형하고 시신을 화염방사기로 불태워 없애는 가학적이고 잔혹한 면을 보였다. 또한 김정은은 자신이 주재하는 회의에서 인민군 서열 2위인 인민무력부장 현영철이 '꾸벅꾸벅 졸았다'는 이유로 재판절차도 없이 2015년 4월 말경에 공개 처형했다고 한다. 김정은은 '현영철이 얼마나 나를 무시했으면, 감히 내 앞에서 졸고 있을까' 하는 의심으로 자존심에 상처를 받아 현영철을 처형했다고 생각한다.

이렇듯 김정은이 주변을 신뢰하지 않고 의심하는 양상은 후삼국 때 궁예에 필적하고, 폭력적이고 즉흥적인 숙청을 하는 것은 조선시대 연산군과 광해군에 필적한다. 궁예, 연산군 그리고 광해군은 김정은과 같이 주변에 대해 '저것들이 언제 나를 배신할지 모른다'는 의심 즉 편집증에 사로잡혀 있었던 인물들이다.

2016년 8월 한국으로 망명한 영국 주재 북한 공사 태영호에 따르면, 북한에서는 지위가 올라갈수록 감시망이 더 촘촘해진다고 한다. 자택 내 도청이 일상화된 것은 물론이고, 해외공관의 경우 직원들 간에 상호 감시하기 위해 같은 아파트에 모여 살게 한다고 밝혔다. 일과 후에 자유시간도 없고, 부득이 외출할 경우에는 보고를 해야 하고 상호 감시를 위해 2인 1조로 다녀야 하고, 특히 직원 중에 국가안전보위부 소속이 있기 때문에 집에서도 대화를 자유롭게 하기 힘들다고 한다. 태영호는 현영철 뿐만 아니라 2012년 7월 김정은 시대 군부 실세로 알려진 리영호 인민군 총참모장이 숙청된 것도 김정은에 대한 불만이 도청되었기 때문이라고 했다.

태영호가 망명하자 북한 당국은 "자금 횡령 등 범죄를 저지르고 도주했다"고 했는데, 이에 대해 태영호는 "대사관 자금 사용을 정산한 영수증을 촬영해 갖고 왔다"며 한국으로 망명할 때 수십억 원을 가지고 왔다는 것은 사실이 아니라고 했다. 김정은은 자신의 나쁜 면을 태영호한테 투사해 나쁜 것은 김정은 자신이 아니라, 자신과 북한 인민을 배신한 태영호라고 생각하고 있을 것이라고 판단된다.

편집증을 가진 사람들은 흔히 자신의 나쁜 면을 다른 사람에게 투사해 나쁜 사람은 자신이 아니라고 부인하며, 자신은 그 나쁜 사람에 의해 불이익을 당하는 피해자라고 생각한다. 태영호 망명사건에서도 김정은은 나쁜 사람은 자신이 아니라 태영호이고, 자신은 태영호에게 잘 대해줬는데 태영호한테 배신당한 피해자라고 생각할 것이다.

김정은이 주변을 의심해 이렇듯 최고위급 간부까지 도청하는 것은 편집증 양상이 상당히 심각한 정도에 이르렀다고 생각된다.

편집증을 보이는 사람들은 상대방을 의심의 눈초리로 보며, 의심 대상이 되는 상대방이 자신에게는 없는 어떤 좋은 것을 가지고 있을 수 있다는 상상으로, 그 상대방에게 시기심을 보이는 경우를 종종 볼 수 있다.

편집증과 관련된 시기심이 있는 사람들은 남을 시기하는 마음으로 인해 자신들의 마음이 편하지 않게 되니까, 상대방을 공격해 파괴하려고 시도하거나 상대방을 비하하려고 한다. 시기심을 유발해 마음을 불편하게 만드는 상대방이 파괴되어 없어지면 더 이상 마음이 불편해질 이유가 없기 때문이다. 또한 시기심을 유발한 상대방을 비하하면 그 상대방의 가치가 저하되거나 없어지니까 더 이상 시기심을 느낄 필요가 없기 때문이다.

김정은이 한국을 공격해 파괴해서 없애려 하고 한국을 비하하는 이유는 편집증과 연관된 시기심 때문이다. 이러한 시기심을 가진 사람들은 상대방이 자기에게 없는 좋은 어떤 것을 가지고 있다고 상상하기 때문에 자신의 열등한 자존감으로 인해 우월한 상대방에게 강한 분노와 적대감을 표출하는 경우가 많다.

김정은은 한국의 경제력과 자유로운 사회분위기를 시기하고 있다. 특히 열악한 북한의 경제력으로 인한 상실감과 좌절감은 김정은의 시기심을 더욱 악화시키고 있다. 이렇게 잘못된 시기심으로 김정은은 한국을 더욱 비하하면서 파괴해 없애려는 비정상적인 생각을 가지고 있다.

인간은 편집증이나 이와 연관된 시기심과 분노 그리고 파괴적 공격성을 피하고 건설적이고 창의적인 삶을 살아야 한다.

프로이드는 인간에게는 성적 본능과 공격적 본능이 있다고 했다. 다시 말해 삶과 죽음의 두 가지 본능이 있다는 것이다. 이 중에서 삶의 본능 쪽으로 가야 인생이 건설적이고 창의적이 된다. 죽음의 본능 쪽으로 기울면 우울과 파괴의 결과가 기다리고 있다. 우울로 인한 자살은 결국 자신의 파괴 즉 죽음의 본능에 치우쳐 있어서 그렇다. 인간은 이러한 죽음의 본능을 극복하고, 남을 사랑하고 자신을 사랑하고, 자신의 능력을 긍정적으로 발휘하고, 남을 배려하는 삶을 살아야 한다. 그래야 유머와 위트가 풍부한 여유로운 마음을 가질 수 있고, 무한하지 않은 인생에서 자신의 야망과 이상을 향해 자신감을 가지고 적극적으로 목적 있는 삶을 향해 나아갈 수 있다. 이런 과정을 겪어가는 사람은 인격적으로 성숙한 사람이 되어, 죽음 앞에서도 여유를 가지고 죽음을 두려워하지 않고 초연하게 인생을 마무리지을 수 있을 것이다.

김정은이 이렇듯 인격적으로 성숙한 사람이 되어 2,500여만 명의 북한 주민들을 인간답게 살게 해주려면, 항상 자신의 처지에 대해 감사하는 마음을 가져야 한다. 북한 주민들은 굶주려도 김정은의 생활은 한국

재벌들보다 더 사치스럽다고 알려져 있고, 북한 주민들의 자유는 억압당하고 있지만 김정은은 북한 내에서 마음만 먹으면 못할 것이 없는 방종을 부리고 있는 것이 현실이다.

김정은이 아직도 암살당하거나 권좌에서 축출되지 않고 있는 자신의 처지에 대해 감사하는 마음을 가져야 시기심과 분노와 파괴적 공격성이 완화될 것이고, 그래야 편집증도 완화된다. 김정은이 이런 과정으로 나아가야 2,500여만 명의 북한 주민들이 고통스런 삶에서 벗어날 수 있다.

편집증은 자신이 갖지 못한 좋은 어떤 것을 다른 사람들은 갖고 있을 수 있다는 생각을 가지게 한다. 이로 인해 시기심과 질투심이 생길 수 있고, 그 시기심과 질투심으로 다른 사람을 부러워하면서 콤플렉스 즉 열등감이 형성된다. 정신적으로 건강한 사람들은 대개의 경우 이런 열등감으로부터 벗어나기 위해 건설적이고 긍정적인 노력을 하게 된다. 반면에 편집증을 가진 사람들은 자신의 열등감을 감추기 위해 주변을 향해 자신을 지나치게 과시하는 정신병리적인 양상을 보이는 경우가 많다.

과시주의 03

　대개의 사람들은 자신이 통제할 수 있는 범위 내에서 적절한 정도의 과시주의적인 태도를 보인다. 적절한 정도의 과시주의적인 태도가 주변으로부터 어느 정도 인정받을 때, 그 사람은 정서적으로 안정감을 느끼면서 자신이 하는 일의 효율성을 증대시킬 수 있으며, 창의성을 발휘해 사회에 커다란 공헌을 할 수도 있다. 문제는 열등감에서 벗어나기 위해 주변에 지나치게 과시주의적인 태도를 보이는 경우이다. 김정은이 바로 이런 경우에 속한다.

　김정은의 조부 김일성은 일제 식민지 시절 다소 지나치게 과장해 부풀린 측면이 있지만, 여하튼 보천보전투를 전개해 항일 무장투쟁을 한 경력이 있다. 또한 1950년 6월 25일 한국을 기습적으로 선제공격해 서울을 점령하고 낙동강까지 밀고 내려갔다. 휴전 이후에도 폐허화된 북한을 상당히 빠른 속도로 복구시켰다.

　김정은의 아버지 김정일은 김정은처럼 아무런 노력 없이 김씨 왕조를 승계한 것이 아니다. 빨치산 출신 원로들을 대상으로 김정일 자신의 권력승계가 정당하다는 것을 설득해 자기편으로 만들고, 계모 김성애와 삼촌 김영주와의 권력투쟁에서 이기고, 자신의 이복형제들인 김평일과 김영일을 백두혈통의 곁가지 몰아 해외로 추방하는 등 후계자의 자리를 스스로 투쟁해 쟁취한 면이 있다.

그런데 김정은은 조부 김일성과 아버지 김정일과 달리, 한국의 재벌 3세들이 경영권을 쉽게 이어받아 재벌 총수 자리에 오르듯, 너무도 쉽게 북한 통치자의 자리에 오른 것이다. 그것도 서른 살도 되지 않은 어린 나이에 북한을 통째로 상속받은 것이다. 이런 상황에서 김정은은 자기 나름의 방식으로 무엇인가 과시해 자기의 능력을 보여주고, 조부 김일성이나 아버지 김정일에 비해 자신이 북한의 통치자로서 열등하지 않다는 것을 과시하고 싶은 욕망을 가진 것으로 보인다.

2012년 8월 김정은은 허술한 목선을 타고 서해안 최전방에 있는 무도의 인민군 해안포 포대를 방문했다. 서해 북방한계선(NLL)과 불과 몇 킬로미터 떨어져 있는 섬이다. 이런 행동은 너무 쉽게 권력을 승계한 자신의 콤플렉스를 감추기 위해 겉으로 자신감을 과시하려고 한 무모한 행동에 불과하다.

김정은은 아이들을 안아주고, 인민군 사병들과 팔짱을 끼고, 과학자들을 얼싸안고, 경호를 무시하는 척하며 많은 인파에 둘러싸여 사진도 찍고, 아버지 김정일과 달리 신년사 방송에도 직접 출연한다. 심지어는 부인 리설주의 화려한 패션도 공개한다. 이런 정도의 과시성은 김씨 왕조의 세습자로서 북한 통치에는 어느 정도 도움이 될 수도 있다.

그렇지만 김정은은 북한 주민들이 먹고 살기도 힘든 경제사정은 고려하지도 않고, 원산 인근에 내장객도 유치 못하는 마식령스키장을 만들고, 북한 경제사정에 맞지도 않게 평양에 거대한 규모의 릉라유원지를 만들어 돌고래쇼나 하고, 집권 이후 해마다 막대한 비용이 소모되는 불꽃놀이 행사를 하는 등 무엇인가를 계속 과시하려 하고 있다.

이러한 과시성은 북한 내부에만 국한된 것이 아니다. 한국과 전 세계에 대해 김정은은 자신의 존재감을 병적으로 과시하려고 한다. 김정일은 2006년 10월 9일과 2009년 5월 25일 두 번에 걸쳐 핵실험을 실시했지만, 김정은은 집권 이후 2013년 2월 12일, 2016년 1월 6일 그리고 2016년 9월 9일에 걸쳐 벌써 세 번이나 핵실험을 진행해 전 세계를 향해 자신의 병적 과시주의를 드러내고 있다. 여기에 더해 대륙간탄도미사일(ICBM)과 잠수함탄도미사일(SLBM)을 개발하려고 수시로 시험 발사하고 있다.

김정은의 이와 같은 병적 과시주의는 과대망상적인 사고로 진행되고 있는 것으로 생각된다. 김정은은 '내가 핵을 탑재한 대륙간탄도미사일과 잠수함탄도미사일을 가지면 이 세상에서 어떤 것도 겁날 것이 없다. 한국은 물론이고 미국도 겁날 것이 없다. 중국이 나를 건드리면 베이징도 없애버릴 수 있다'는 허황된 과대망상적인 사고를 하고 있는 것으로 판단된다.

김정은의 과대망상적인 생각은 북한 인민군에도 영향을 미치고 있다고 판단된다. 미국 자유아시아방송(RFA)은 2016년 9월 3일 북한의 무역업자의 말을 인용해 일부 인민군 장성들이 자신들의 핵과 미사일이 미국만 겨냥한 것이 아니라 중국 베이징을 향해 쏠 수도 있음을 시사했다고 한다. 이와 같은 사실을 볼 때 김정은의 과시적 태도와 관련된 과대망상적인 사고와 행동이 얼마나 위험한 상황에 이르고 있는지를 알 수 있다. 북한의 최대 우방국인 중국에 대한 태도가 이런 정도이니, 김정은의 과대망상적인 사고로 인해 한반도에 언제 핵무기로 인한 위험한 상황이 발생할지 예측하기 어렵다고 판단된다.

김정은의 과시주의와 과대망상적인 사고는 자신이 북한 주민들뿐만 아니라, 미국에 착취당하고 독재에 압박당하는 한국 주민들을 조속히 구해 줘야 한다는 메시아적 망상과 관련될 수도 있다고 생각한다.

2017년 1월 1일 김정은은 조선중앙TV를 통한 신년사에서 한국의 촛불집회에 대해 "지난해 남조선에서는 대중적인 반정부 투쟁이 세차게 일어나 반동적 통치기반을 밑뿌리채 뒤흔들어놓았다"며 "남조선 인민투쟁사에 뚜렷한 자욱을 새긴 지난해 전민항쟁은 파쇼독재와 반인민적 정책, 사대매국 동족 대결을 일삼아온 보수 당국에 대한 쌓이고 쌓인 원한과 분노의 폭발"이라고 했다.

김정은의 조부 김일성은 한민족에 대한 메시아적 망상을 가지고 한국을 이승만의 압제에서 해방시켜, 한반도를 노동당 중심으로 통일해야한다는 명분 아래 6·25사변을 일으켜 한반도를 참혹한 전쟁터로 만들었던 장본인이다.

김일성의 손자 김정은 또한 '할아버지가 이루지 못한 꿈을 내가 한 번 이루어봐야겠다'는 과대망상과 관련된 메시아적 망상으로 인해, 언제든지 충동적으로 한반도를 전쟁의 도가니로 몰아넣을 수 있다고 생각한다.

예측불가한 충동성 04

　김정은은 2015년 5월 9일 러시아의 제2차 세계대전 승전 70주년 기념 행사 참석을 번복하고, 2015년 5월 21일 개성공단을 방문하기로 한 반기문 유엔 사무총장에 대해 방문 허가를 급작히 취소했다. 또한 2015년 12월 12일 오후 7시 30분으로 예정된 북한 모란봉악단의 중국 베이징 국가대극원 공연을 3시간 앞두고 공연 취소의 이유도 밝히지 않고 모란봉악단 단원들을 항공편으로 평양으로 귀국시켰다. 당초 북한의 모란봉악단과 공훈국가합창단은 베이징 국가대극원 오페라하우스에서 중국 측 주요 인사와 북한 간부 등 2,000명 정도를 대상으로 공연할 예정이었다.

　이 세 가지 사건은 2015년 1년 동안 발생한 일이다. 그것도 북한의 최대 우방국인 중국과 러시아 그리고 전 세계국가 집합체인 국제연합의 사무총장에 대해 김정은은 손바닥 뒤집듯 자기 기분에 따라 이미 결정된 사항을 즉흥적으로 취소해 버렸다. 김정은은 이렇듯 자신의 기분에 따라 이랬다저랬다 하면서 상대방이 예측하기 힘든 충동적 결정을 수시로 한다.

　2013년 12월 12일 고모부 장성택을 고사총으로 처형하고 시신을 화염방사기로 불태운 사건은 누구도 예측할 수 없는 김정은의 충동적이고 폭력적인 성격으로 인한 것이라고 생각한다.

2016년 2월 11일 오후 5시 무렵, 김정은은 대남기구인 조국평화통일위원회 성명 형식으로 "개성공업지구에 들어와 있는 모든 남측 인원들을 2016년 2월 11일 오후 5시 30분까지 전원 추방한다"는 내용을 한국 측에 일방적으로 통보했다. 개성공업지구 폐쇄라는 중대한 사건을 충동적으로 결정해 추방 시행 불과 30분 전에 일방적인 통보를 한 것이다.

김정은의 이런 충동적인 결정은 정상적인 상식으로는 이해하기 어렵다고 생각한다.

김정은은 어느 날 갑자기 인민군 장성의 계급을 강등시켰다가 얼마 지나지 않아 다시 진급시키기도 하는, 그야말로 예측하기 어려운 충동적인 행동 양상을 수시로 보인다. 구체적 예를 들면, 2010년 천안함 폭침과 연평도 포격 그리고 2015년 비무장지대(DMZ) 목함 지뢰 도발의 배후 주도자로 지목받고 있던 대남 강경파 김영철은 2012년 첫 대장 진급 이후 중장으로 강등, 그 후 대장으로 진급했다가 다시 상장으로 강등되었다. 이후 김영철은 2015년 말 교통사고로 사망한 김양건 통일전선부장 후임이 되었지만, 2016년 7월 중순부터 약 1달 정도 지방 농장에서 혁명화 처벌을 받은 것으로 알려진다.

2016년 4월 12일부터 4월 23일까지 평양을 방문한 후지모토 겐지는 김정은을 약 3시간 정도 만났다고 한다. 김정은은 후지모토 겐지에게 미국과 외교적으로 문제를 해결하려고 하는데, 미국이 북한에 생트집을 잡는다면서 울컥해서 미사일을 발사했다고 한다. 이처럼 김정은은 자신의 기분에 거슬리면 치밀어 오르는 분노를 통제하지 못하고 울컥해서 상대방이 예측하기 힘든 충동적 공격성을 쉽게 드러내는 비정상적인 성격의 소유자라고 판단된다.

김정은의 이런 행동양상들을 보면 어린 시절 주의력결핍 과잉행동장애(Attention-Deficit/Hyperactivity Disorder)가 지금까지 지속되고 있는 것이 아닌지 의심된다. 주의력결핍 과잉행동장애는 신경발달장애(Neurodevelopmental Disorder)로 분류되는 정신질환 중의 하나이다. 원인으로는 몸속의 신경전달물질 중에 도파민(dopamine)과 노르에피네프린(norepinephrine)의 감소로 인한 것으로 추정되고 있다.

나타나는 증상으로는 인내심이 부족해 차분하게 있지를 못하고, 에너지가 넘쳐나는 것처럼 과도한 행동을 하고, 사려 깊은 행동을 하지 않고 충동적인 행동을 보이고, 후유증을 생각하지 않고 즉각적으로 결정을 내리거나 과제를 수행하는 데 지속성이 없는 경우 등이 있다.

주의력결핍 과잉행동장애를 보이는 사람들은 충동적이며, 자신들의 요구에 즉각적인 보상을 요구한다. 요구가 받아들여지지 않으면 분노를 느끼고 공격적인 행동양상을 보인다. 이들은 자신들이 느끼는 위협을 진짜인지 아니면 자신이 상황을 잘못 파악했는지 심사숙고 없이 그 위협에 대해 즉각 반격하는 경우도 흔히 보이는 것으로 알려져 있다.

김정은의 어린 시절을 지켜본 후지모토 겐지와 이모 고용숙에 따르면, 김정은은 어린 시절 가만히 차분하게 있지 못하고 지나치게 활동적이고, 어머니 고용희의 지시에 제대로 따르지 않고, 형 김정철과 게임하다가 물건을 던지기도 했다고 한다.

김정은이 어린 시절 보였던 이런 행동양상들은 주의력결핍 과잉행동 장애와 부합되는 소견이다.

이런 사실과는 상반되게 '미치광이 이론(Madman Theory)'의 측면으로 볼 때, 김정은이 엉망진창이고 변덕스러운 것이 아니라 합리적 판단으로 북한을 운영하고 있으며 모험을 감행하는 폭주열차가 아니라는 일각의 주장도 있기는 하다.

미국 제45대 대통령 도널드 트럼프는 상대방에게 비이성적인 태도를 보이며 미치광이처럼 행동하며 자기에게 유리하게 협상을 이끄는 '미치광이 이론'을 활용하고 있는 것으로 알려져 있다. 도널드 트럼프는 의도적으로 예측하기 어려운 충동적 행동을 한다는 것이다.

이런 미치광이 전략은 미국 제37대 대통령 리처드 닉슨도 사용한 적이 있다. 닉슨은 1969년 대통령 재임 당시 해외 주둔 미군에게 핵전쟁 경계령을 발령했다. 닉슨 자신이 분노 통제가 안 되어 언제 핵폭탄 발사버튼을 누를지 모른다는 의도적인 소문도 퍼뜨렸다. 닉슨의 이런 행동은 베트남 전쟁에서 북베트남인 월맹을 군사적으로 지원하던 소련에 위협을 가해 미국에 유리한 협상을 시도하려고 했던 전략이다.

요즈음 '마약과의 전쟁'을 하고 있는 필리핀 대통령 두테르테 또한 예측하기 힘든 충동적인 행동을 하는 미치광이 전략을 구사하면서, 미국과 중국을 현혹해 필리핀 자국의 이익을 취하려고 하는 것으로 생각된다.

김정은이 의도적으로 미치광이 전략을 구사하고 있다고 하더라도, 김정은의 심리 밑바닥에는 예측하기 힘든 충동성이나 분노발작으로 인한 공격성이 심각한 수준이라는 것은 여러 실제 예들을 통해서 이미 확인되었다고 볼 수 있다.

김정은이 순간의 충동을 통제하지 못해 과격한 공격적 행동을 보이고, 특히 기분이 울컥하는 스트레스를 받을 때 더욱더 분노를 느껴 공격적 성향이 증대되는 양상은 간헐적 폭발장애(Intermittent Explosive Disorder)와도 관련성이 있다고 생각된다.

김정은의 즉흥적 성격과 잔인한 폭력적 성향 그리고 예측하기 어려운 행동은 주변 사람들에게 '내가 언제 처형될지 모르니, 살아남기 위해서는 항상 김정은에게 절대복종의 자세를 보여야 한다'는 공포의 긴장감을 조성해 북한의 강압적 통치에는 도움이 될 수도 있다. 하지만 문제는 김정은의 예측하기 어려운 즉흥성과 공격적 충동성이 남북관계에 악영향을 미쳐 한반도를 순식간에 전쟁의 위험에 몰아넣을 수도 있다는 것이다.

김정은의 예측불가한 충동성은 도덕발달 수준이 낮아 사회의 규칙과 법을 지키지 않고, 아무런 도덕적 죄책감도 느끼지 않으면서 자기의 이익에 따라 폭력을 충동적으로 행사해, 타인의 권리와 인격을 무참히 짓밟는 폭력배들에게서 흔히 볼 수 있는 행동 양상이다.

05　낮은 단계의 도덕 발달

김정은은 어린 시절 바람직하지 않은 행동 즉 도덕발달에 문제를 보이는 많은 행동을 해왔고, 지금도 핵무기와 미사일을 이용해 주변 국가를 위협하는 비도덕적인 행동을 수시로 하고 있다.

부모나 주변 사람이 어린 아이에게 "그건 해선 안 돼", "그건 꼭 해야만 돼"라고 말하는 경우, 아이들은 이런 일들의 의미를 점차로 마음속에 새기게 된다. 그래서 다음번에 이와 비슷한 상황이 일어나면 아이는 '아! 이런 경우는 하지 말아야 혼나지 않지', '아! 이런 경우는 내가 하기 싫어도 해야지 칭찬받지' 하는 내면의 판단기준에 따라 행동하기 시작한다. 인간의 도덕발달은 이런 기본적인 단계로부터 시작해 더 높은 도덕단계를 향해간다(장경준, 1994).

인간의 도덕발달에 대한 연구를 주로 한 미국의 콜버그(Kohlberg)에 따르면 도덕발달에는 여섯 단계가 있다고 한다.

첫 번째 단계는, 말을 안 들으면 혼나니까 말을 듣는 단계이다. 주변에서 도덕발달 단계가 이 수준에 불과한 사람들을 드물지 않게 볼 수 있다.

두 번째 단계는, 상대가 자기를 존중해 주면 자기도 상대를 존중해 주고, 그렇지 않으면 자기도 상대를 존중해 주지 않는 단계이다.

첫 번째와 두 번째 단계는 인간의 도덕발달 단계에서는 낮은 단계에 불과한데 폭력배들의 세계에서 이런 범주에 속해 있는 사람들을 흔히 볼 수 있다.

세 번째 단계는, 비록 상대는 자기를 존중해 주지 않더라도 자기는 상대의 의견을 존중하며 상대와 좋은 관계를 유지하려고 행동하는 것이다. 하지만 이해관계가 복잡하게 얽힌 상황에서는 상대에 대한 배려만으로는 문제가 해결되지 않는 경우가 발생할 수 있다. 그렇기 때문에 인류가 생긴 이래로 법이라는 것을 만들어 우리 스스로를 자승자박도 했지만, 여러 복잡한 사회 상황들에 대해 비교적 합리적으로 대처할 수 있는 측면도 있었다.

네 번째 단계는, 법을 잘 지키느냐, 즉 다수가 따르자고 정한 원칙을 잘 준수할 수 있느냐는 것이다. 물론 이 경우 다수가 정한 법이라 이를 따르다 보면 어떤 개인은 손해를 보는 경우도 일어날 수 있다. 하지만 네 번째 단계에 도달한 사람들은 '내가 만약 법을 안 지키면 또 다른 누군가가 법을 지키지 않을 것이고 그러다 보면 결국 법을 따르는 사람이 점차로 없어져 이 사회는 문란해질 것이다. 그러면 그 피해는 결국 나한테로 올 것이기 때문에 지금 내가 다소간 손해를 보는 일이 있더라도 법을 준수하는 것이 좋겠다'라는 생각을 가지고 행동하게 된다.

다섯 번째 단계는, 법은 인간이 만들었기 때문에 실제 현실에서 적용할 때 시대 상황의 변화 등으로 문제가 있는 법이 있을 수 있다. 이 경우 다수가 의논해 민주적으로 그 법을 적절하고 타당하게 고치거나, 그렇지 못한 경우는 자기의 양심에 비추어 부끄러움이 없을 때에는 잘못된 법보다는 자기의 양심에 따라 행동하는 단계이다. 군사독재 치하에서 일부 양심수들이 여기에 속하는 사람들이라고 할 수 있다.

여섯 번째 단계는, 인간이 도달하기 어려운 단계이다. 시대나 문화적 배경을 초월해서 그 사람이 하는 어떤 행동이나 생각이, 누가 보더라도 도덕률에 전혀 어긋남 없이 윤리적이어야 한다는 단계이다. 인류 역사상 성인이라 일컬어지는 테레사 수녀를 포함해 몇몇 분들이 이 단계에 속한다고 할 수 있다.

김정은은 콜버그의 도덕발달 여섯 단계 중에서 첫 번째나 두 번째 단계에 속하는 낮은 단계의 도덕발달 수준을 보이고 있다고 생각된다.

김정은이 어린 시절 보였던 낮은 수준의 도덕발달 행동들은 정신질환의 진단 및 통계편람 제5편(DAIGNOSTIC AND STATISTICAL MANUAL OF MENTAL DISORDERS, DSM-5)의 적대적 반항장애(Oppositional Defiant Disorder) 소견과 부합된다고 판단된다.

적대적 반항장애의 행동양상으로는 분노를 통제하지 못해 자주 화를 내거나, 짜증을 부리거나 분개하는 모습을 보이는 경우가 흔하다. 또한 부모를 포함해 권위자가 제시하는 규칙이나 요구를 무시하고, 권위를 인정하지 않으려 하고, 자신의 잘못을 인정하지 않고 남의 탓으로 돌리고, 고의적으로 주변 사람들을 괴롭히는 심술을 부리고, 주변에 앙심을 가지고 공격적인 행동을 보이기도 한다.

다음의 경우들은 후지모토 겐지의『북한의 후계자 왜 김정은인가?』에 상세히 묘사되어 있는 김정은이 어린 시절 보였던 적대적 반항장애와 관련된 비도덕적 행동들이다.

첫 번째 경우, 김정은이 여덟 살 무렵 후지모토 겐지와 처음 만났을 때, 후지모토 겐지가 김정은에게 악수하려고 손을 내밀었는데, 김정은은 손을 내밀 생각도 하지 않은 채 후지모토 겐지를 험악하게 노려봤다고 했다. 불과 여덟 살 된 아이가 마흔 살 어른인 후지모토 겐지를 적의에 찬 눈빛으로 노려봤던 것이다. 김정은의 이런 적의에 찬 행동과 어른에 대한 기본적인 예의를 무시하는 태도는 적대적 반항장애를 가진 아이들이 흔히 보이는 행동양상 중의 하나이다.

두 번째 경우, 후지모토 겐지는 김정일과 고용희 그리고 김정은과 김정철과 함께 김정일의 전용선을 타고 김정일이 가장 좋아하는 생선인 쏘가리 낚시를 하러 다녔는데, 후지모토 겐지가 물고기를 낚아올릴 때마다 배 가장자리로 다가와서 "나한테 줘" 하며 낚싯대를 빼앗았다고 한다. 김정은은 후지모토 겐지에게서 낚아챈 낚싯대를 직접 들어올리면서 "내가 잡았다"라고 외치며 기뻐했다고 한다. 김정은은 이처럼 남의 물건을 마음대로 가로채거나 거짓말을 하면서 사회상규에 위배되는 비도덕적 행위들을 아무런 죄책감도 없이 저지른다.

세 번째 경우, 김정은이 예닐곱 살 때 구슬게임에 열중하고 있었는데, 옆에 있던 김정철이 "이렇게 해봐" 하고 말하는 대로 따라하다가 그만 구슬을 놓치고 말았다고 한다. 화가 난 김정은은 놓친 구슬을 김정철의 얼굴을 향해 던졌다고 한다. 다행히 다치지는 않았지만 그때 후지모토 겐지는 김정은의 과격한 면을 보고 깜짝 놀랐다고 한다. 김정은은 이와 같이 인내심이 없고, 남의 탓을 하며 화를 참지 못하고, 충동조절이 되지 않아 공격적인 행동을 쉽게 저지른다.

네 번째 경우, 김정은이 열네 살 무렵에 원산 초대소에는 안신이라는 김일성의 부관을 지낸 인물이 있었다고 한다. 안신은 그때 이미 60세로 일찍이 김일성의 신임을 받았지만, 김일성이 1994년 사망하자 할 일이 없어졌기 때문에 김정일의 배려로 가끔 초대소에 불려가서 휴식을 취하곤 했다고 한다. 안신은 키가 160센티미터를 조금 넘을 정도로 부관으로서는 작은 몸집을 가졌는데, 어느 날 김정은이 옆에 있던 안신을 발로 툭툭 차면서 후지모토 겐지에게 이렇게 물었다고 한다. "대원수님(김일성)은 왜 이런 땅딸보를 부관으로 삼은 거지?" 후지모토 겐지는 김정은의 행동이 도가 지나쳤다고 생각했다. 어린 김정은이 60세가 된 노인에게 보인 이런 버릇없는 행동은 적대적 반항장애나 품행장애(Conduct Disorder) 아이들에게서 흔히 볼 수 있는 비도덕적 행동이다.

다섯 번째 경우, 농구를 좋아했던 김정은은 열두 살 무렵 어느 날 점심 식사가 끝난 지 5분도 되지 않았는데 농구를 하러 자리에서 일어나려 했다고 한다. 그러자 어머니인 고용희로부터 "조금만 더 앉아 있거라"며 꾸중을 듣고, 다시 고쳐 앉는 시늉을 했지만 5분 정도 지나자 "형, 가자"라며 김정철을 끌고 밖으로 나가버렸다고 한다. 이처럼 부모나 교사와 같은 권위자의 정당한 요구를 무시하거나 거절하는 행동은 적대적 반항장애를 보이는 아이들에게서 흔히 볼 수 있는 양상이다.

김정은과 같이 어린 시절 적대적 반항장애를 보인 아이들은 청소년기에 접어들면서 품행장애를 보일 가능성이 높고, 성인이 되어서는 반사회성 성격장애(Antisocial Personality Disorder)를 보일 가능성이 높다.

이와 같이 김정은이 어린 시절부터 보인 낮은 수준의 도덕발달은 권력을 세습한 이후에는 고모부 장성택을 처형하는 패륜적인 행위를 비롯해 화를 참지 못하고 수시로 간부들을 처형하는 반인륜적인 행위를 하는 것과 깊은 관련성이 있다고 판단된다.

김정은이 보이는 낮은 수준의 도덕발달의 원인 중 하나는, 김정은이 오이디푸스 시기 동안 극복했어야 할 과제인 오이디푸스 갈등을 제대로 해결하지 못해 그 결과로 양심이 제대로 형성되지 않았기 때문이라고 생각한다.

06 오이디푸스 콤플렉스

프로이드의 정신분석 이론 중 하나가 '이중 본능 이론(dual instinct theory)'이다. 인간의 본능에는 성적 본능과 공격적 본능이 있다는 것이다. 성적 본능을 통해 종족을 보존하고, 공격적 본능을 통해 개체를 보존한다는 것이다.

성적 본능과 공격적 본능은 남자아이의 경우, 어머니와 근친상간 관계를 원하는 무의식적 소망과 적대관계에 있는 아버지를 살해하고자 하는 무의식적 소망을 통해 표출된다.

남자아이는 어머니에 대한 근친상간과 아버지에 대한 살인의 무의식적 소망으로 인해, 적대관계인 아버지에 의해 결국 남자의 상징인 성기를 절단당할지도 모른다는 거세불안증(castration anxiety)이 생긴다고 한다.

살인에 대한 무의식적 소망, 근친상간 관계, 신체에 대한 보복적 처벌에 대한 공포는 프로이드 이론의 핵심 내용인 오이디푸스 콤플렉스(Oedipus complex) 이론의 중심적 개념이다. 프로이드는 성적 본능과 공격적 본능은 인간 삶에 있어 갈등의 근본적 원인으로 생각했다.

어머니를 자신의 여자로 갖고자 하는 소망과 이를 이루기 위해 아버지를 살해하고자 하는 소망은 남자아이의 경우, 공격의 대상이 되는 아버지에게 성기를 거세당할 것이라는 환상적 위협을 갖게 될 것이며, 여자아이의 경우는 이미 거세를 당한 상태라고 생각하기 때문에 그 위협은 어머니에게 버림받을 것이란 공포로 나타날 것이다.

따라서 남자아이가 3세 무렵에 접어들면 알게 모르게 아빠와 경쟁하며 아빠를 대신해 엄마의 사랑을 가지려 하지만, 아빠와 경쟁하기에는 우선 신체적 크기를 생각해 봐도 역부족이라는 것을 알게 된다. 옷을 갈아입거나 목욕할 때와 같은 우연한 기회에 누나나 여동생의 성기를 볼 기회가 있으면 이런 상황은 더욱 심각해져, 계속 아빠와 경쟁하다가는 나도 여동생이나 누나처럼 성기가 제거될지도 모른다는 거세불안을 야기할 수 있다. 결국 남자아이가 선택할 수 있는 길은 적이 너무 강하니까 작전상 후퇴하는 것이다.

남자아이는 아무리 엄마가 자신을 좋아해도 잠자기 전에 엄마의 이불 속으로 들어가는 당사자는 역시 아빠라는 엄연한 현실을 부인하기 어렵다. 결국 남자아이는 나중에 자라서 엄마와 결혼하기 위해서는 엄마가 사랑하는 아빠를 닮아가는 것이 가장 좋은 방법이라고 생각하게 된다.

이러한 과정을 통해 아이는 점차 남자답게 성숙해 가며 오이디푸스 갈등(oedipal conflict)에서 벗어난다는 것이다. 이러한 갈등을 제대로 해결하지 못하고 이 시기를 지나가면 콤플렉스로 남아 나중에 신경증의 원인이 된다는 것이 프로이드의 오이디푸스 콤플렉스 이론이다.

이런 상황을 겪는 남자아이에게 아버지는 유연한 자세를 보이면서 아들이 지금은 어려 아빠와 경쟁해 이기기 힘들지만, 아빠를 닮아가면서 노력하면 결국에는 아빠보다 더 훌륭하고 강한 사람이 될 수 있고, 엄마와 같은 사람과도 결혼할 수 있다는 것을 인지하게 해줘야 한다. 이렇게 해야 남자아이가 오이디푸스 갈등을 적절히 해결하고 아버지의 남자다움을 자연스럽게 배워갈 수 있다.

그런데 어떤 아빠들은 아이하고 게임을 하더라도 절대 양보하지 않거나, 심지어는 아이가 조금이라도 약한 모습을 보이면 남자아이가 그렇게 약해서 어떻게 하느냐고 면박을 주기도 한다. 이런 경우 남자아이는 오이디푸스 갈등을 적절히 해결하기가 쉽지 않다.

어린 시절 오이디푸스 갈등을 적절히 해결하지 못하고 청소년기나 성인기에 접어들면, 해결되지 못한 오이디푸스 콤플렉스로 인해 주변 사람들과의 관계에서 어린 시절 아버지와의 관계에서 발생했던 오이디푸스 상황이 재연되고, 이로 인해 정서적으로 불안정한 상황이 오랜 기간 지속될 수 있다.

그러면 북한의 통치자 김정은은 자신의 오이디푸스 갈등을 제대로 해결했을까? 결론부터 말하자면 김정은은 어머니 고용희가 사랑한 아버지 김정일을 닮아가면서 오이디푸스 갈등을 적절히 해결했다고는 생각하지 않는다.

김정일에게 김정남은 자신의 첫 자식이고 더군다나 아들이었다. 그래서 김정남의 어린 시절에 김정일은 식사 중에 애교를 부리는 김정남을 식탁에 올려놓고 식사할 정도로 김정남에게 온갖 정성을 쏟았다.

그런데 김정은이 태어났을 때는 김정일에게는 첫 번째 부인 성혜림과의 사이에서 김정남이라는 장남이 있었고, 두 번째 부인인 김영숙과의 사이에서 김설송이라는 장녀도 있었다. 또한 김정일은 이미 고영희와의 사이에서도 김정철이라는 아들도 있었다. 여기에 더해 김정은의 조부 김일성은 김정은이 태어난 뒤 몇 년 동안 그 존재 자체도 몰랐다고 한다.

이런 복잡한 가족 분위기에서 김정일이 김정은에게 적절하고 충분한 관심을 가지고, 김정은이 오이디푸스 갈등을 제대로 해결하고 정서적으로 안정된 인간으로 성장해 나갈 수 있는 분위기를 조성해 주는 것은 어려웠을 것으로 생각된다.

1974년 김정일은 김일성의 공식적인 후계자로 확고히 정해진 뒤 1994년 7월 8일 김일성이 사망함으로써 김씨 왕조 권력을 완전히 이어받을 때까지 20여 년의 기간 동안 후계자로서 아버지 김일성과 정서적 교감을 충분히 나누었다고 볼 수 있다. 즉 김정일은 설혹 어린 시절 아버지 김일성과의 관계에서 오이디푸스 갈등을 제대로 해결하지 못했다고 하더라도, 점차 나이가 들어가면서 아버지 김일성과의 반복되는 오이디푸스 상황을 겪으면서 서서히 오이디푸스 콤플렉스에서 벗어날 기회가 있었으리라 생각된다.

반면에 김정은의 경우는 2008년 여름 김정일이 뇌졸중으로 쓰러져 김정은으로 후계자가 내정된 뒤, 2011년 12월 17일 김정일이 사망함으로써 후계자가 된 지 3년 만에 권력을 승계하게 되어 아버지 김정일과 정서적 교감을 충분히 나누기 힘들었다고 생각된다. 즉 김정은이 어린 시절 아버지 김정일과의 관계에서 오이디푸스 갈등을 제대로 해결하지 못했다면, 어린 시절 해결되지 않은 오이디푸스 갈등은 나이가 들어가면서 오이디푸스 상황이 반복될 때마다 부적절한 반응을 보일 수 있다고 생각한다. 다시 말해 오이디푸스 콤플렉스를 제대로 극복하지 못한 김정은에게는 아버지 김정일에 대한 경쟁의식과 아버지를 살해하고자 하는 무의식적 소망이 남아 있다고 볼 수 있다.

김정은의 오이디푸스 콤플렉스의 대상인 아버지 김정일이 2011년 12월 17일 사망해 더 이상 이 세상에 존재하지는 않지만 김정일의 이미지를 연상시키는 인물들은 김정은 주변에 많이 남아 있다.

김정은은 자신과 오이디푸스 갈등의 경쟁관계에 있었던 아버지 김정일을 연상시키는 인물들에 대해서, 그들이 경쟁관계를 포기하고 자신에게 절대적인 복종을 하지 않으면, 아버지 김정일을 살해하고자 하는 무의식적 동기로 인해 이들을 숙청하게 될 것이라고 판단된다.

2011년 12월 28일 김정일의 영결식에서 김정일 운구차 옆 호위를 맡았던 김정은을 포함한 8인은 당시만 해도 포스트 김정일 시대의 북한을 이끌고 갈 가장 핵심적인 인물들로 추정되었다. 그러나 김정은 체제가 시작되자 김정은을 제외한 운구차 호위 7인 중 군부 4인방인 리영호 당시 군 총참모장, 김영춘 인민무력부장, 김정각 군 총정치국 제1부국장, 우동측 국가안전보위부 제1부부장은 숙청당했다. 그리고 2013년 12월 12일 김정은의 고모부 장성택이 처형되었다. 남은 두 명 최태복 최고인민회의 의장과 김기남 당 비서는 80세가 넘은 고령이라 권력에서 자연스럽게 멀어지면서 김정은에게 결코 위협적인 존재가 아니므로 그나마 목숨을 부지했다고 판단된다.

이런 상황은 김정은이 아버지 김정일과의 관계에서 해결되지 않은 오이디푸스 갈등으로 인한 것이라고 생각된다. 김정은은 해결되지 않은 오이디푸스 콤플렉스로 인해 앞으로도 자신의 오이디푸스 콤플렉스를 자극할 만한 사람들에게 끊임없는 숙청작업을 벌일 것이라고 생각된다.

이런 사람들이 김정은의 숙청작업을 피할 길은 김정은에게 절대 복종하며, 자신들은 결코 김정은의 경쟁대상이 아니라는 것을 김정은에게 확신시켜 주는 것이다. 그래야 김정은의 오이디푸스 콤플렉스로 인한 숙청작업에서 살아남을 수 있다고 생각한다.

현재 최룡해 노동당 중앙위원회 부위원장과 황병서 인민국 총정치국장은 김정은에게 절대복종을 하며 김정은의 오이디푸스 콤플렉스를 자극하지 않아 아직까지는 살아남아 있는 것으로 생각된다.

김정일은 김일성이 1994년 7월 8일 사망한 후 권력을 이어받아 자신이 2011년 12월 17일 사망할 때까지 2006년 10월 9일과 2009년 5월 25일 두 번에 걸쳐 핵실험을 실시했지만, 김정은은 김정일이 사망 후 권력을 이어받아 벌써 2013년 2월 12일, 2016년 1월 6일 그리고 2016년 9월 9일 세 번에 걸쳐 핵실험을 진행하며 핵강국을 부르짖고 있다. 이는 한국과 미국은 물론 전 세계를 향해 자신의 힘을 과시하면서 아버지 김정일보다 자신이 훨씬 강한 남성이라는 것을 나타내고 싶은 욕망 때문이다.

김정은은 2012년 8월 중순 서해 최전방에 있는 무도 북한군 해안 포대를 수행원 5명만 데리고 허술한 목선을 타고 방문했다. 무도는 연평도 서북쪽의 북한 개머리해안 남쪽 해상에 있는 섬으로 서해 북방한계선(NLL)과 불과 몇 킬로미터 거리에 위치하고 있다. 무도에는 2010년 11월 연평도에 포격을 가한 북한군 해안포가 배치되어 있다. 수행원 5명만 데리고 서해안 최전방에 위치한 섬을 방문하는 것과 같은 무모한 행동은 김정일이 하지 않았던 행동 양상이다. 김정은은 아버지 김정일보다 더 남자답다는 것을 외부로 드러내면서 자신의 마음속에 존재하는 아버지 김정일에게 자신의 힘을 과시해 아버지 김정일과의 경쟁에서 이기고 싶어 한다.

김정은의 어머니 고용희는 만수대예술단의 무용가 출신이고, 김정은의 부인 리설주는 은하수관현악단 협연 가수 출신이다. 두 여자 모두 예술인 출신이다. 김정은이 리설주를 배우자로 선택한 것은 아버지 김정일처럼 자신도 결혼 상대자로 예술인 출신을 선택해 아버지와의 경쟁에서 결코 질 수 없다는 무의식적 소망(unconscious wish) 때문이라고 생각한다.

김정은은 아버지 김정일로부터 북한 권력을 이어받았지만, 극복하지 못한 오이디푸스 콤플렉스로 인해, 경쟁관계인 아버지 김정일에게 의존했다는 사실을 부인(deny)하고, 오이디푸스 갈등의 대상이 아닌 조부 김일성과 동일시하려 한다.

김일성과 동일시　07

자기 심리학(self psychology)을 창안한 하인즈 코헛(Heinz Kohut, 2007)에 따르면, 어린 시절의 부모는 아이에게 정서적으로 중요한 자기대상(selfobject) 욕구를 충족시켜 주는 기능을 수행한다고 한다.

여기서 자기대상이란 예를 들면, 어린아이는 대상인 엄마를 독립적인 인간으로 생각하지 않고 자신의 한 부분으로 생각한다는 의미이다. 다시 말해 아이는 엄마를 자신의 욕구 충족을 위해 기능하는 대상으로 생각하지 엄마를 자신과 분리된 독립적 존재로 경험하지 않는다는 의미이다. 이렇게 대상이 독립된 존재로 아이에게 경험되지 않는다는 의미로 하인즈 코헛은 자기-대상(self-object)에서 붙임표(hyphen)를 없애고 자기대상(selfobject)이란 용어를 사용했다.

하인즈 코헛에 따르면, 아이가 정서적으로 성숙하는 데 도움을 줄 수 있는 유익한 자기대상은 좋은 자기대상으로 볼 수 있다.

김정일과 고용희는 어린 시절 김정은에게 좋은 자기대상인 부모였을까?

후지모토 겐지(2010)에 따르면, 고용희는 성격이 무난하고 주변 사람들에 대해 공감이 풍부하고, 자신의 자식들인 김정철과 김정은 그리고 김여정에게 다정하면서도 다소 엄한 태도를 보였다고 한다.

후지모토 겐지의 고용희에 대한 평가가 정확하다면, 고용희는 김정은에게 좋은 자기대상 역할을 했을 것이라고 생각된다. 하지만 김정일은 자신의 불안정한 성격으로 인해 김정은에게 좋은 자기대상 역할을 한 아버지는 아니었을 것이라고 생각된다.

김정일의 좋지 못한 자기대상 역할에 대해 고용희가 좋은 자기대상 역할을 수행하며 문제점을 보완했을 것으로 보이지만, 그 보완의 정도가 충분하지 않아 결국 김정은의 성격이 비정상적으로 형성되었다고 생각된다.

하인즈 코헛은 인간에게는 태어날 때부터 원초적으로 '이중 축의 자기(bipolar self)'라는 두 개의 심리적 구성물이 있다고 주장했다. 과대자기(grandiose self)와 이상화된 부모 원상(idealized parental imago)이다.

과대자기는 아이의 어린 시절 행동이나 태도를 적절히 인정해 주는 아빠나 엄마에 의해 아이가 자존감을 갖게 되고, 그 후 아이가 자라면서 인생의 포부(ambition)를 형성하는 것과 관련이 있다.

이상화된 부모 원상은 어린 아이가 자신에게 완전함과 안전감을 주는 이상화된 대상과의 합일에 기여하면서 그 후 아이가 자라면서 이상(ideal)을 형성하는 것과 관련이 있다.

하인즈 코헛에 따르면, 과대자기와 이상화된 부모 원상을 통해 제대로 형성된 포부와 이상을 가진 사람은 창의력이 있고, 공감력이 풍부하며, 인생이 유한하다는 것을 알게 되어 겸손해지고 마음의 여유가 생겨

유머가 있으며, 타고난 자신의 능력을 발휘하며 인생을 지혜롭게 살아갈 수 있다고 한다.

김정은은 과대자기와 이상화된 부모 원상을 통해 포부와 이상을 적절히 형성했을까?

김정은이 보이고 있는 전능감과 과대주의 그리고 과시주의적 성향은 김정일이 김정은의 과대자기에 대해 부적절하게 반응한 결과라고 생각한다.

김정일은 김정은이 일곱 살 무렵 벤츠 600을 운전하게 했으며, 여덟 살 생일날에는 장군 계급장이 부착된 군복을 입히고 인민군 장성들의 경례를 받게 했다고 한다.

부모는 아이의 요구에 너무 지나치지도 또한 너무 모자라지도 않는 적절한 반응을 보여야 한다. 그래야 아이의 정서행동 발달이 정상적으로 이루어진다.

김정일처럼 아이에게 부적절하게 너무 지나친 반응을 보이면, 아이는 '내가 세상에서 못할 것이 없고, 마음만 먹으면 무엇이든지 할 수 있다'는 생각을 갖게 된다. 그런 아이는 나중에 커서 김정은처럼 현실감 없는 전능감이나 정신병리적 수준의 과대주의 그리고 지나치게 과시주의적인 행동을 하게 된다. 이런 이유로 김정은이 핵무기와 미사일로 자신의 잘못된 힘을 과시하고, 자기 마음대로 주변 사람들을 처형할 수 있다는 비정상적인 전능감과 정신병리적인 과대주의를 보이고 있다고 생각한다.

저자는 산책 중 어린아이와 아빠가 자전거 타는 모습을 지켜보고 있었다. 아이가 한 손으로 자전거 핸들을 잡고 한 손을 놓으면서 "아빠 나 한

손만으로도 자전거 탈 수 있어" 하며 의기양양하게 소리쳤다. 이를 본 아빠가 "우리 아들 대단하다. 나중에 커서 올림픽 자전거경기에서 금메달이야. 그런데 아직은 한 손으로 자전거 타면 위험하지, 당분간은 두 손으로 타는 것이 좋겠어"라고 말했다. 아빠와 아들 사이에 벌어진 이와 같은 상황은 아빠가 아이의 과대자기를 적절하게 받아들이면서도 한 손으로 자전거를 타는 것은 아직은 위험하다는 현실감각도 갖도록 해준다. 이런 경우 아이는 자신의 자존감에 상처받지 않고, 굴욕감이나 무안함을 느끼지 않으면서, 정상적으로 과대자기를 키워나가면서 궁극적으로는 자신의 포부를 형성해 나갈 수 있다.

부모가 좋은 이상화된 자기대상 역할을 한다는 것은 아들이 생각할 때 나도 커서 아빠처럼 강하고 멋진 남자가 되겠다고 할 때나, 딸이 생각할 때 나도 커서 엄마처럼 전문직 여성으로서 집안일도 잘 챙기는 능력 있는 여자가 되겠다고 할 때, 그런 아빠나 엄마의 역할을 의미한다.

아이들의 마음속에 있는 이상화된 부모 원상은 이런 좋은 이상화된 자기대상에 반응한다. 대개의 경우 아이들은 아빠나 엄마에게서 좋은 이상화된 자기대상을 추구하며, 그 이상화된 자기대상과 자신을 동일시하려고 노력하면서 자연스럽게 성숙해 나간다.

그런데 아빠의 실직도 경험하고 엄마가 우울증에서 벗어나지 못하는 것 등을 보면서 자신의 부모처럼 현실세계에서는 부족한 이상화된 자기대상 대신, 스스로 마음속에서 이상화된 자기대상을 생각해 그러한 이상화된 자기대상과 동일시하려고 노력하면서, 자신의 이상을 형성해 나가는 경우도 있다. 예를 들면 김수환 추기경님이나 법정 스님 같은 분이다.

물론 세종대왕이나 이순신 장군 같은 분도 이상화된 자기대상의 역할을 할 수 있다. 이와 같이 인간은 누구나 자기가 생각하는 어떤 이상적인 사람과 동일시하고 싶은 욕구가 있다.

김정은은 아버지 김정일보다 조부 김일성을 더 높이 평가하고, 김일성을 자신의 이상화된 자기대상으로 생각하며 김일성과 동일시하려고 시도하고 있다고 생각한다.

김정은이 볼 때 아버지 김정일은 2008년 여름 뇌졸중으로 쓰러져 좌측 신체부위가 일부 마비되는 증상을 보였고, 2011년 12월 17일 예순아홉 살로 사망하기 전 수년 동안 당뇨와 신장장애로 추정되는 질환으로 장기간 혈액투석을 받으면서 병약한 모습을 보였다. 반면에 조부 김일성은 1994년 7월 8일 여든두 살로 급사하기 전까지 상당히 건강한 상태를 유지한 것으로 전해진다.

조부 김일성은 비록 실패했지만 한국을 기습적으로 공격하며 6·25사변을 일으켜 한반도를 무력통일하려고 행동화했으며, 6·25사변 이후 북한의 통치자로서 일시적으로는 북한 경제력이 한국에 비해 우위를 유지하도록 했다. 실제로 2016년 5월 4일 북한 노동신문은 김일성이 통치한 1960년대를 황금의 시대라고 하면서 김일성에 대한 북한 주민들의 향수를 자극했다.

노동신문은 또한 '오늘 우리 세대가 아버지, 어머니들에게 자주 듣는 60년대 이야기, 참으로 보옥 같은 생활, 기름지고 열매가 주렁진 황금의 시대'였다면서 '이제 와서 보면 인민의 이상향이 저 멀리에 있는 꿈이 아니었다'고 게재했다. 당시 북한은 소련과 중국의 경제적 군사적 지원하에 연간 10 내지 20%의 경제성장률을 기록하는 시기였다.

2016년 12월 20일 조선일보 보도에 따르면, 영국 주재 북한 공사 태영호는 2016년 8월 한국으로 망명해서 "북한 김정은의 폭압적인 공포통치 아래 노예생활을 하는 북한의 참담한 현실을 인식하면서 체제에 대한 환멸감이 커져 귀순 결심을 굳혔다"고 말했다. 태영호는 "노동당 원로들로부터 인정을 받은 김정일과 달리 김정은은 어린 시절을 스위스에서 보내 북한에서 기반이 전혀 없다. 그래서 자신을 과대포장하고 김일성 흉내내기를 한다"며 "하지만 정작 김일성과 같이 찍은 사진이 한 장도 없기 때문에 기반잡기가 잘 안 된다. 그래서 폭압정치를 하는 것"이란 취지로 말했다고 국회 정보위원회 관계자들이 전했다고 한다.

위와 같은 상황들을 볼 때, 김정은은 조부 김일성을 자신의 이상화 대상으로 삼아 김일성과 동일시함으로써 재일교포 무용수 출신 고용희의 아들이라는 자신의 부정적인 정통성을 보완하고, 북한 주민들에게 김일성의 향수를 자극해 자신에게 부족한 권위를 보완하려 한다고 생각된다.

이와 같은 이유로 김정은은 김정일 사망으로 북한 권력을 세습한 후 조부 김일성과 머리스타일 등 외모에서 닮으려 하고, 김정일과 다르게 의도적으로 자주 공개석상에 등장하고, 아이들을 안아주는 등 북한 주민들과 스킨십을 강화하고, 김일성을 연상시키는 백마를 타고 나타나는 모습을 연출하기도 한다. 2016년 5월 김정은은 아버지 김정일 시절 한 번도 열리지 않았던 노동당대회를 36년 만에 개최했는데, 개회사를 읽을 때 김일성이 쓰던 것과 비슷한 뿔테안경을 착용하고, 뒤로 넘긴 헤어스타일, 배 내밀고 걷기, 뒤짐 지기, 단상을 잡고 보고서 읽기 등 우선 겉모습이라도 조부 김일성과 동일시하려고 시도했다.

문제는 김정은이 조부 김일성과 동일시하게 되는 정도가 지나치면, 주한 미군이 철수하고 한국에서 북한 동조자들의 세력이 상당한 수준에 이르렀다고 오판하며 김일성처럼 한반도에 치명적인 군사상황을 야기할 수 있다는 것이다. 더욱이 김정은의 성격이 폭력적이고 잔인하며, 충동적이고 예측불가해, 핵 공격과 같은 극단적인 상황을 야기할 수도 있다고 생각한다.

김정은이 아버지 김정일이 아니라 조부인 김일성과 동일시한다고 하더라도 김정은이 북한 통치자로서 적절해 보이지는 않는 것 같다. 왜냐하면 김정은이 쓰고 있는 북한 통치자라는 탈(페르조나) 자체가 김정은에게 어울리지 않기 때문이다.

08　페르조나

　김정은은 북한의 최고 통치자라는 페르조나, 즉 탈을 쓰고 있다. 그런데 김정은은 과연 자신이 북한의 최고 통치자라는 페르조나가 잘 어울리는지를 숙고해 봤는지 의문이 든다.

　의사가 되었어야 할 사람이 군인이 되어 자신에게 맞지 않는 인생을 살거나, 대학 교수로 존경받으며 잘살 수 있는 사람이 자신과 어울리지 않는 정치계로 뛰어들어 좋은 평가를 받지 못하고 힘들게 살아가고 있는 모습을 보면 안타까운 마음이 든다.

　이런 경우 그 사람은 자신에게 맞지 않는 페르조나 즉 가면을 쓰고 이 세상을 살아가고 있다는 의미이다. 자신 스스로도 자신에게 맞지 않는 가면, 즉 탈을 쓰고 있으면 남들이 보기에는 멋있어 보일지 몰라도 자신은 그 탈이 정말 불편한 탈을 쓰고 있는 셈이다.

　우리는 항상 자신에게 잘 맞는 가면을 쓰고, 자신이 진정으로 원하는 진실된 삶을 살고 있는지 생각해 볼 필요가 있다. 거짓된 삶이 아닌 진실된 삶을 살아가야 인생이 공허하거나 우울하지 않으면서, 활기가 있고 창의적이며 긍정적인 삶을 살아갈 수 있다.

문제는 자신이 정말 원하는 진실된 삶을 살려면 자신에게 맞는 페르조나 즉 탈을 쓰고 살아가야 한다는 것이다.

전 서울대학교 의과대학 정신과 주임교수이자 분석심리학자인 이부영 교수는 『분석심리학』에서 페르조나에 대해서 다음과 같이 서술하고 있다.

'페르조나(Persona)'란 고대 그리스의 연극에서 배우들이 사용하던 가면을 말한다. 우리나라에서 탈춤을 출 때 쓰는 탈처럼 어떤 사람이 노인의 탈을 쓰면 그는 노인 역할을 하며 왕의 탈을 쓰면 왕이 되는 것처럼 인간은 집단 속에서 살아가면서 여러 개의 탈을 사용하면서 살아간다.

탈이라든가 가면이라든가 하면 우선 도덕적인 위선을 연상할 사람이 많을 것이나 결코 그런 뜻을 내포하고 있는 것은 아니라고 한다. 그러나 탈이 탈을 쓴 사람의 개성이 아닌 것과 같이 페르소나 또한 진상이 아니라 가상이라는 뜻도 포함된다고 한다. 그것은 흔히 개성이라고 착각하기 쉬운 가면이다. 사람들이 곧잘 나의 생각, 나의 믿음, 나의 가치관, 나의 것이라고 하는 것을 자세히 살펴보면 그것은 결코 자기의 생각이 아니라 남들의 생각, 즉 부모의 생각, 선생의 생각, 다른 친구들의 생각이라고 할 만한 것임을 알 수 있다고 한다. 즉 집단적으로 주입된 생각이나 가치관인데 마치 자기 것이라고 생각하고 있다는 것이다.

페르조나는 내가 진정한 나로서 있는 것이 아니라 다른 사람들에게 보이는 나를 더 크게 생각하는 특징을 가지고 있다. 이것은 진정한 자기와는 다른 것이다. 페르조나에 입각한 태도는 주위의 일반적 기대에 맞추어주는 태도이다. 그것은 환경에 대한 나의 작용과 환경이 나에게 작용하는 체험을 거치는 동안 형성된다. 환경과 개인의 상호작용으로 형성된다는 의미로 언급한 것으로 생각된다.

우리나라 말 가운데 페르조나에 해당하는 말은 '체면, 얼굴, 낯'과 같은 것이다. 어른의 체면, 남편의 체면, 교육자의 체면, 대통령의 체면 등 그것은 모두 어떤 사회집단이 그 집단의 특수한 성원에게 변함없이 요구하는 일정한 행동상의 규범이며 제복과 같은 것이라고 서술하고 있다. 체면이라는 말을 '사명, 역할, 도리'라는 말로 바꾸어도 같은 설명이 성립된다. 의사의 사명, 학생의 본분, 아들 된 도리, 주부의 역할이라고 할 때 이 경우는 그 개인의 살아갈 길을 제시하고 있는 것이라기보다는 일련의 의사라는 사람, 학생집단, 아들과 주부의 위치에 의하여 집단적 직업상과 지켜야 할 규범을 말하는 것이라고 한다.

한국 사회는 특히 페르조나가 강조되는 사회이며 개인이 싫든 좋든 그것과 동일시하도록 강요하거나 어느 틈엔가 동일시되어 진정으로 개성적인 것을 잊어버리게 만들기 쉽다고 한다. 누구의 딸, 누구의 아들, 누구 아내, 누구의 아버지, 어디 출신, 무슨 대학, 무슨 지위, 박사인가 아닌가 하는 것이 한 개인의 개성과 능력을 판단할 때 큰 비중을 차지하는 것이 한국 사회다.

또한 집단적 규범을 벗어나 조금이라도 개성을 발휘하려고 하면 즉각 이를 위험시하고 아들 된 도리, 친구의 의리를 내세우고 집단으로부터의 이탈을 이기적, 독선적, 비인간적, 몰인정 등으로 규탄함으로써 사회규범의 와해를 막고 개인을 일정한 틀에서 벗어나지 못하게 한다. 페르조나가 민주주의 사회보다 교조주의나 권위주의 사회에서 더 중요시됨은 말할 것도 없다. 집단과 관계를 유지하는 동안 자아는 차츰 자기도 모르게 집단정신에 동화되어 그것이 자기의 진정한 개성인 것으로 착각하는 경우가 있다고 한다. 이것을 우리는 자아가 페르조나와 동일시되어 있다고 말한다. 이렇게 되면 집단이 요구하는 역할에 충실히 맞추어 주는 사람이 되고, 집단이 옳다고 말하는 규범은 무엇이나 지키는 사람이 된다고 한다.

페르조나와 동일시가 심해지면 자아는 그의 내적인 정신세계와의 관계를 상실하게 된다. 다시 말해서 자기 자신을 돌보지 못하게 되고 그 존재조차도 잊어버리게 된다는 것이다. 결혼 30년 동안 성실하게 집안일을 돌보아 온 주부가 남편의 외도를 발견하고 갑자기 히스테리성 발작을 일으키는 경우를 보는데 그 부인이 이렇게 묻는다.

"나는 교회 목사님이 하라는 대로 좋은 일을 도맡아 왔습니다. 누구에게나 친절했고 모든 사람이 나를 좋아했습니다. 그런데 나쁜 짓을 한 남편은 뻔뻔스럽게 돌아다니고, 나는 왜 이런 병에 걸려 병원에 들어와 있어야 합니까?"

그녀의 말은 옳았다. 그녀는 모범 주부이며 좋은 어머니였음에 틀림없다. 그러나 그녀는 집단사회가 좋다는 것만 따랐고 그녀 자신의 마음을 소홀히 하였다. 어머니로서의 페르조나, 아내로서, 시민으로서의 페르조나에 자아를 완전히 일치시키며 살아온 것이다. 그리고 이제 가족관계의 장애는 그녀로 하여금 그녀 자신을 찾도록 촉구하고 있는 것이다.

페르조나와의 동일시가 그 사람의 개성을 살리는 데 저해가 될 뿐만 아니라 인격의 해리까지 초래하는 것이라면 페르조나는 없애야 할 것인가? 그렇지 않다고 한다. 페르조나를 분석하면 자아가 지금까지 자기 것이라고 생각했던 것이 자기 것이 아니라 남들의 것이었음을 알게 된다고 한다. 페르조나가 한 번도 제대로 형성됨 없이 자라난 사람은 거의 외계와의 관계가 상실상태에 빠지게 되며, 그렇게 되면 무의식적인 여러 충동에 사로잡히며 타인과 사회에 대하여 아무런 고려도 하지 않고 자기 기분에 따라 행동하는 완고하고 무자비한 인격을 나타낸다고 한다.

연산군과 같은 존재는 왕의 페르조나를 갖추지 못한 사람이다. 페르조나의 상실은 때로는 개체로 하여금 도덕적인 혼란을 일으키게 하기도 한다. 문화변동에 따르는 가치관의 혼란도 그 한 예라고 할 수 있다고 한다.

페르조나는 가상이다. 그러나 그것은 없애야 할 것이라기보다 구별되어야 할 것이다. 그것이 자아의 궁극적인 목표가 아니라는 것에 대한 자각은 페르조나를 사회생활에서 필요한 수단이라고 보고 거기에 절대적인 중요성을 부여하지 않는다는 의미라고 한다. 페르조나 자체가 나쁜 것이 아니라 페르조나와의 맹목적인 동일시가 문제되는 것이라고 한다. 사회적 역할, 의무, 도덕규범, 예의범절, 이러한 것을 없애야 하는 것이 아니라 그것들을 맹신해서는 안 된다는 것이 이부영 교수의 설명이다.

북한의 최고 통치자라는 페르조나가 김정은에게 조화롭게 잘 어울린다면, 김정은이 고모부 장성택을 처형하고, 많은 간부들을 숙청하고, 북한 고위급 인사들이 탈북하는 사태 등이 발생하지 않았을 것이다. 김정은은 특히 권력을 승계 받은 뒤부터 지나친 음주행위에 대해 국내외적으로 자주 보도되고 있는데, 지나친 음주 자체가 김정은 자신이 북한의 최고 통치자라는 페르조나가 맞지 않는다는 것을 희미하게나마 인식해, 이로 인해 과도한 스트레스를 받고 스트레스를 풀기 위해 지나친 음주를 하고 있는 것으로 판단된다.

북한 통치자로서의 페르조나가 제대로 형성되어 있지 않은 김정은은 북한 통치자로서 일관성 있는 안정된 모습을 보이기가 어렵다고 판단된다. 김정은의 일관성 없는 행동양상은 2016년 12월 14일 다음과 같은 조선일보 보도에서 그 실상을 알 수 있다. 김정은은 만취한 상태에서 군 원로들을 자신의 별장으로 불러 반성문을 쓰게 했다고 도쿄신문이 보도했다고 한다. 도쿄신문은 북한 관계자 말을 인용해, 2016년 9월 말 만취한 김정은이 자신의 별장에 군 원로들을 소집해 "너희가 군사위성 하나 만들지 못한 것은 반역죄와 같은 죄"라고 고함을 치며 반성문을 쓰게 했다고 한다.

다음 날 아침 군 원로들이 밤새 작성한 반성문을 들고 서 있었지만, 잠에서 깬 김정은은 지난밤에 무슨 일이 있었는지 기억하지 못했다고 한다. 김정은은 "왜 모여 있어요? 모두 연세가 있으니 건강에 더 신경 쓰세요"라고 말했다고 한다. 군 원로들은 통곡했고, 김정은은 자신의 온정에 군 원로들이 감명을 받았다고 생각하고 만족스러운 표정을 지었다고 한다. 북한 관계자는 "숙청을 생각했던 군 원로들이 긴장이 풀리자 울기 시작한 것 같다"고 전했다. 도쿄 신문은 "아버지가 갑자기 사망하면서 27세에 권력을 계승한 김정은은 정치 경험이 없다"며 "아버지 곁을 지켰던 충신과 원로에 대한 열등감을 갖고 있는 것으로 보인다"고 분석했다.

김정은은 자신이 북한의 최고 통치자라는 페르조나가 자신에게 맞지 않는다는 사실을 분명하게 인지하고 퇴진을 포함해 그에 따른 대책을 마련해야 한다. 그렇지 않을 경우에는 지금보다도 더 심각한 정신병리 상태에 이르게 되어, 결국 자기 응집력(self cohesiveness)이 무너지면서 자기와해감(self disintegration)으로 인해 정신적으로 황폐화되는 상황을 겪게 될 것이다.

이런 상황이 발생하면 김정은 자신이 불행해지는 것은 당연하다고 하더라도, 핵무기 사용을 포함한 극단적인 방법을 택할 수 있어 한반도뿐만 아니라 주변 국가들도 치명적인 손상을 입을 수 있다고 생각한다.

북한의 통치자라는 페르조나가 김정은 자신에게 잘 어울렸다면, 김정은은 주변에 대해 충분히 공감을 느끼고 훌륭한 리더십을 발휘하고 있을 것이다. 그런데 실상은 전혀 그렇지 못하다.

공감과 리더십 09

어떤 사람이 좋은 리더십을 보이기 위해서는 그 사람의 공감능력이 좋아야 한다. 공감능력이 좋다는 것은 상대방의 입장에서 그 사람이 느끼는 감정이나 생각을 잘 이해하고 있다는 의미이다.

김정은이 어린 시절부터 주변 사람들에게 보스기질을 발휘하고 감동을 주는 인물이라며, 김정은의 리더십에 대해 긍정적인 평가를 한 사람이 있다. 김정일의 요리사였던 후지모토 겐지이다.

김정은이 과연 후지모토 겐지의 평가대로 좋은 리더십을 갖춘 인물일까?

후지모토 겐지(2003)에 따르면, 김정은이 열여섯 살 때인 2000년 7월 김정일 일가와 함께 백두산에 올랐다고 한다. 산꼭대기에 도착했더니 안개가 짙게 드리워져 있었는데, 김정은이 후지모토 겐지에게 "저쪽으로 가자"고 해서 따라갔더니 김정은이 느닷없이 함께 소변을 보자고 했다는 것이다. 안개 속에서 후지모토 겐지는 김정은과 나란히 소변을 보았는데, 후지모토 겐지가 "혹시 내 것 보지 않으셨습니까?"라고 물었더니 김정은은 "보이지 않았다"고 대답했다고 한다. 후지모토 겐지는 이런 김정은의 마음 씀씀이에 감동했다고 한다.

　김정은은 당시 후지모토 겐지에게 공감을 느껴서 이런 행동을 한 것일까? 만약 그렇다면 굳이 후지모토 겐지에게 불편을 주며 소변을 같이 보러 가자고 하지는 않았을 것이라고 생각한다. 단지 김정은은 안개가 짙게 낀 산속에 혼자 소변보러 가기가 무서웠을 것이다. "보이지 않았다"는 김정은의 대답도 만약 후지모토 겐지의 성기를 봤다면 남의 성기를 본 것에 대해 다소 창피함을 느껴 안 봤다고 대답했지, 후지모토 겐지가 민망해 할 것을 고려해 "보이지 않았다"고 대답한 것은 아니라고 생각한다.

　후지모토 겐지(2003, 2010)는 날짜는 밝히지 않았는데, 묘향산 초대소에 머물 때 김정일과 측근들이 며칠 동안 외출한다면서 후지모토 겐지에게 초대소에 남아 김정은과 놀아주라는 지시를 한 적이 있다고 한다. 3일 정도 지나 식사할 때 마실 맥주가 떨어져 후지모토 겐지는 이 사실을 무심코 김정은에게 말했다고 한다. 그런데 며칠이 지난 어느 날 밤, 방에서 쉬고 있는데 누가 후지모토 겐지의 방문을 노크해 문을 열어보니, 김정은이 양쪽 바지 주머니에서 하이네켄 맥주를 두 병 꺼내더니 마시라면서 내밀었다고 한다. 혼자 남아 초대소를 지키던 후지모토 겐지는 김정은의 이런 따뜻한 마음이 너무 고마워 눈물이 나올 정도로 감격했다고 한다.

　이 상황은 혼자 있는 후지모토 겐지의 심정을 고려한 김정은의 공감때문이 아니라고 생각한다. 후지모토 겐지는 자신이 쓴 책에서 항상 김정은을 '왕자'라고 지칭한다. 김정은이 '왕자'이면 후지모토 겐지는 단지 놀이담당 '시종'에 불과하다. 이런 상황은 김정은이 자신의 시종인 후지모토 겐지에 대해 '북한 땅에 홀로 있는 보잘것없는 너 같은 일본인한테

이 정도는 베풀어야지, 너한테 왕자 노릇을 할 수 있다'는 의미를 지닌 것에 불과하다.

후지모토 겐지는 김정은의 리더십에 대해 자신의 책 『북한의 후계자 왜 김정은인가?』에서 '도처에서 드러난 리더십'이란 소제목 아래 다음과 같이 김정은의 리더십에 대해 긍정적인 평가를 하고 있다.

김정은은 10대 중반이 되자 놀이를 할 때도 리더십을 유감없이 발휘하게 되었다고 한다. 제트스키가 끄는 바나나보트에 대여섯 명이 타고 차례로 바다로 뛰어드는 놀이를 할 때도 김정은은 솔선해서 뛰어들었으며, 다른 사람에게 무언가를 시킬 때는 항상 자신이 먼저 선두에 서곤 했다고 후지모토 겐지는 서술하고 있다.

계속해서 후지모토 겐지는 김정은과 형 김정철을 비교하면서 김정은의 리더십에 대해 언급했다.

김정은 팀과 김정철 팀으로 나누어 농구시합을 할 때가 있는데, 김정은은 시합 후 반드시 반성회를 열어 함께 뛰었던 팀원들에게 어디가 좋았다거나 잘못되었다는 것을 지적했다고 한다. 멋진 플레이를 보여준 선수에게는 손뼉을 치면서 칭찬해 주고, 실수한 선수에게는 잘못된 점을 구체적으로 지적하며 무섭게 꾸짖었다고 한다. 김정은은 자신이 호되게 질타한 팀원에 대해 나중에 후지모토 겐지에게 "내가 아까 그렇게 호되게 혼을 냈는데 괜찮을까? 다시 잘할 수 있을까"라는 말을 했다고 한다.

후지모토 겐지는 김정은의 이런 모습을 보고 김정은이 화를 낼 때도 나름대로 계산을 하고 있다는 사실을 알게 되었다고 한다. 이에 비해서 김정철은 시합이 끝나면 "수고했다. 해산!"이라면서 곧바로 돌아갔다고 한다.

　후지모토 겐지의 견해와 같이 김정은이 친형인 김정철보다는 리더십이 있는 것은 맞는다고 생각한다. 하지만 김정은의 리더십에 대해서는 후지모토 겐지가 서술한 내용이 맞을 수도 있지만, 전적으로 동의하기는 어렵다는 것이 저자의 생각이다.

　김정은이 리더십이 있어서 물에 먼저 뛰어든 것이 아니라, 반동형성(reaction formation) 때문인 것으로 생각한다. 반동형성이란 마음속 깊이 자리잡고 있는 두려움이 의식되는 것을 피하기 위해 두려움을 일으키는 상황에 오히려 몰두하는 것을 말한다. 예를 들면, 여자에게 다가가면 거절당하고 마음의 상처를 받을 수 있다는 두려움이 강한 남자가 이러한 두려움을 부인하려고 오히려 끊임없이 여러 여자와 관계에 몰입하는 경우이다. 사실은 물에 먼저 뛰어드는 것이 겁나지만 반동형성으로 용감한 척 하려고 김정은이 먼저 뛰어들었을 가능성이 높다고 생각한다. 또한 '매도 먼저 맞는 놈이 낫다'는 우리 속담과 같이, 어차피 뛰어들어야 한다면 먼저 뛰어들면 뒤에 뛰어들 때까지 불안한 마음을 가지고 있는 것보다 차라리 마음 편하다고 생각했을 수도 있다.

　또한 김정은이 보인 형 김정철과의 농구시합에서의 행동양상은 리더십에 관한 것이라기보다는 형제간의 경쟁심 문제(sibling rivalry problem)로 보인다. 김정은이 1984년 출생했을 때, 이미 1971년 출생한 이복형 김정남이 있었고, 1974년 출생한 이복누나 김설송도 있었다. 또한 친형인 김정철도 1981년 태어났다. 김정은 출생 5년 후 1989년 여동생 김여정이 태어났다. 김정은이 아버지 김정일과 어머니 고용희의 사랑과 관심을 받으려면, 우선 친형제인 김정철과 김여정을 견제해야 하는 상황이다. 김정철은 이복형제를 제외하면, 김정일과 고용희 사이에서는 첫 아들이기 때문에 당연히 김정일과 고용희의 관심을 받을 수 있다. 김여정은 김정일과 고용희 사이에서 첫 딸이면서 막내이다. 대개의 부모들은 막내가 다소 말썽을 부려도 '그 아이는 막내니까' 하며 귀여워한다. 둘 사이에 샌드위치 신세인 김정은으로서는 친형제인 김정철과 김여정을 견제하기도 쉽지 않았을 것으로 생각된다.

여기에 더해 김정은에 비해 열세 살이 많은 이복형인 김정남이 있다. 김정남은 김정일의 첫 번째 부인인 성혜림이 낳았으며, 김씨 왕조 전체로 볼 때 왕위 계승 서열 1위에 해당한다. 또한 이복누나 김설송은 김일성이 직접 정한 며느리 김영숙의 자식이라 김정은이 그렇게 만만하게 볼 상대가 아니다.

김정은이 이런 상황에서 김정일로부터 인정을 받고, 김씨 왕조의 계승자가 되기 위해서는 우선 친형인 김정철과의 경쟁에서 우위에 서야 한다는 사실을 당연히 인식했을 것으로 생각한다. 그래서 친형 김정철과의 농구시합에서 보인 김정은의 태도는 리더십이 있어서가 아니라 숨겨져 있던 김정은의 일방적인 치열한 형제간의 투쟁이 겉으로 드러난 것에 불과하다고 생각된다. 2009년 4월 초, 김정은이 김정남에 대한 우암각 급습 사건도 김정은의 지나친 형제간 경쟁심으로 인해 발생했다고 생각된다. 김정은이 좋은 공감능력을 바탕으로 긍정적인 리더십을 갖춘 지도자라면, 북한 주민들의 경제적 상황은 빈곤한데 마식령스키장이나 릉라유원지 같은 놀이동산을 만들고, 자신의 취향에 따라 미국 NBA 역사상 최고의 리바운더이지만 최고의 악동이기도 한 데니스 로드맨을 초대해 호화파티를 하지는 않았을 것이다.

진정한 리더십은 자신이 맡은 임무를 수행하는 중에 저절로 보이는 것이지, 김정은처럼 강한 리더십을 가진 지도자라는 것을 보이기 위해 수시로 주변 인물들을 처형하면서 공포 분위기를 조성해 자신에게 절대복종하게 하는 것은 결코 진정한 리더십이라고 할 수 없다.

2016년 9월 14일 조선일보 보도에 따르면, 북한 조선중앙방송은 "8월 29일부터 9월 2일 사이 함경북도 북부를 휩쓴 태풍으로 인한 큰물(홍수) 피해는 해방 후 처음으로 되는 대재앙이었다"면서 "사망자와 행방불명자를 포함한 인명피해는 수백 명에 달하며 6만 8,900명이 한지에 나앉았다"는 사실을 보도했다고 한다. 2016년 9월 13일 자유아시아방송(RFA)은 2016년 9월 1일부터 양강도와 함경북도 국경연선에서 매우 강력한 휴대전화 방해전파를 발신하고 있는 것으로 확인됐으며, 사실 이 수해 사고의 인명 피해는 천재가 아니라 인재 때문이라고 한다. 사고가 발생한 시각은 2016년 8월 30일 저녁 불과 서너 시간 동안이었으며, 단 몇 시간 만에 이렇게 많은 인명피해가 발생한 이유는 물을 가득 채워놨던 저수지의 수문을 주민들에게 알리지도 않은 채 일제히 개방했기 때문이라고 했다.

정상적인 국가의 지도자라면 재해가 발생했을 경우 현장을 방문해 주민들을 위로하고 피해복구를 약속하는 것이 상식적인 행동인데 김정은은 수해 현장조차 방문하지 않았다.

김정은은 이렇듯 천재가 아니라 인재로 인해 사상 최대 수해를 겪었지만, 북한 주민들이 겪고 있는 수해피해는 도외시한 가운데 북한의 국가 창건일인 9월 9일에 맞춰 다섯 번째 핵실험을 강행했다. 여기에 더해 김정은은 홍수 피해상황이 외부로 알려지는 것을 꺼려해 휴대폰 방해전파를 수시로 쏘고 있다고 하니, 훌륭한 리더십이 있는 지도자라면 결코 하지 않을 행동을 하고 있는 것이다.

결론적으로 김정은은 공감능력이 떨어지고, 이에 따라 훌륭한 리더십도 찾아볼 수 없는, 살벌한 공포정치를 시행하고 있는 강압적 독재자에 불과하다. 절대복종하지 않는다고 고위 공직자들조차 수시로 처형하며 공포분위기를 조성해, 강압적인 통치를 하는 독재자가 훌륭한 리더십을 갖추고 있다고 평가받은 인물은 인류 역사상 존재하지 않는다고 생각한다.

고모부 장성택을 처형한 것을 포함해 김정은은 권력세습 이후 지금까지 상식적으로 도저히 이해하기 힘든 여러 행동 양상들을 보이고 있다. 저자는 김정은의 이러한 비정상적인 행동 양상들은 경계선 성격장애와 깊은 관련성이 있다고 생각한다.

10 경계성 성격장애

2016년 5월 28일 조선일보 보도에 따르면, "김정은이 정상적인 사람으로 크는 건 불가능했다"고 김정은의 이모 고용숙은 워싱톤 포스트와 20시간 동안 진행한 인터뷰에서 밝혔다고 한다. 고용숙 부부는 1998년 "김정일 정권의 비밀을 너무 많이 알아 겁난다"며 미국으로 망명해 정보기관의 보호를 받고 있었던 것으로 전해진다. 고용숙은 김정은의 어머니 고용희의 동생으로 김정은이 1996년부터 2년간 스위스에서 유학할 때 후견인 자격으로 김정은을 돌봤다고 한다.

고용숙은 김정은이 자신의 아들과 1984년에 같이 태어나 어릴 때부터 함께 놀았으며, 고용숙은 김정은의 기저귀를 갈아주기도 했다고 한다. 고용숙은 인터뷰에서 김정은을 '장군님'이라고 부르면서 "여덟 살 생일 때 별로 장식된 군복을 입고서 장성들을 발 앞에 무릎 꿇리고 충성 맹세를 받았다"면서 "주위 사람들로부터 떠받들어지면서 어린 시절을 보낸 아이가 정상적으로 크는 것은 불가능했다"고 한다. 고용숙은 "김정은은 어린 시절 말썽꾸러기는 아니었지만 성미가 급하고 성질이 불같았다"면서 "공부를 하지 않는다고 어머니로부터 꾸지람을 당하면 말대꾸를 하는 대신 단식과 같은 방식으로 반항하곤 했다"고 회상했다고 한다.

이와 같이 이모 고용숙의 워싱턴 포스트와의 인터뷰 내용만 보더라도 김정은이 정상적인 성격을 가진 사람이 아니라는 것은 분명해 보인다.

그러면 김정은의 비정상적인 성격은 어떤 성격장애에 부합할까? 저자의 생각에는 경계성 성격장애(Borderline Personality Disorder)로 판단된다.

경계성 성격장애 특성들을 서술적으로 묘사해 보면, 대인관계는 지나친 기대로 인해 어떤 사람을 이상화해 자신의 간이라도 떼어줄 것 같이 친한 척하다가 어느 날 태도 돌변해서 지금까지와는 완전히 다른 태도를 보이며 냉정하게 상대방을 대한다.

이런 경우 상대방은 일관되게 행동해 왔는데 뭐 때문에 경계성 성격장애를 가진 사람이 자신에 대한 태도를 바꾼 것인지 이해할 수 없게 된다. 이런 상황에서 그러는 이유가 뭐냐고 따지다가는 오히려 이상한 사람 취급당하며 해악을 당할 수도 있다. 행동은 어디로 튈지 예측하기 어렵고, 충동적이고 공격적이며 폭발적이다.

기분은 변화가 심해서 정상적인 기분에서 우울한 기분으로 또는 반대로 기분이 들떠 있는 상태로 수시로 변화한다. 주체성이 제대로 형성되지 않아 어떤 때는 주변에 대해 자신을 과시하며 과대주의적인 행동을 하다가, 어떤 때는 자신의 존재에 대해 불안감을 느껴 혼자 고독하게 분노에 차 침잠해 있을 수도 있다. 때로는 혼자서 뭐든지 다 할 수 있다는 태도를 보이다가 갑자기 태도를 바꿔 의존적인 양상을 보이기도 한다. 이런 변화무쌍한 행동과 감정으로 인해 주변 사람들이 경계성 성격장애자와 잘 지내기는 쉽지 않다.

경계성 성격장애에 대한 진단을 명확히 하기 위해 위와 같은 서술적인 묘사 대신, 미국 정신의학회(AMERICAN PSYCHIATRIC ASSOCIATION)는 정신질환의 진단 및 통계편람 제5편(DIAGNOSTIC AND STATISTICAL MANUAL OF MENTAL DISORDERS, DSM-5)에 다음과 같이 구체적인 진단기준을 제시했다(권준수, 2015).

대인관계, 자아상(self-image) 및 정동(affects)의 불안정성과 현저한 충동성의 광범위한 형태로 성인기 초기에 시작되며 여러 상황에서 나타나고, 다음 중 5가지(또는 그 이상)를 충족한다.

1. 실제 혹은 상상 속에서 버림받는 것을 피하기 위해 절실하게 노력함

    (주의 : 5번 진단기준에 있는 자살 또는 자해 행동은 포함하지 않음).

2. 과대이상화와 과소평가의 극단 사이를 반복하는 것을 특징으로 하는 불안정하고 강렬한 대인관계 양상.

3. 정체성 혼란(identity disturbance) : 현저하고 지속적으로 불안정한 자기 이미지 또는 자신에 대한 느낌.

4. 자신을 손상할 가능성이 있는 충동성을 적어도 2가지 이상의 영역에서 나타난다. 예를 들면, 소비·성·물질남용·무모한 운전·폭식 같은 영역(주의 : 5번 진단기준에 있는 자살 또는 자해 행동은 포함하지 않음).

5. 반복하는 자살 행동, 제스처, 또는 위협, 또는 자해 행동.

6. 기분의 현저한 반응성으로 인한 정동(affect)의 불안정성. 예를 들면, 보통 몇 시간 지속되지만 드물게는 며칠이나 지속되는 심한 삽화적 불쾌감(episodic dysphoria).

7. 만성적 공허감.
8. 부적절하고 심하게 화(anger)를 내거나 화를 통제하는 데 어려움이 있음. 예를 들면, 자주 분통을 터트리거나 항상 화난 상태, 반복되는 신체적 싸움이다.
9. 일시적이고 스트레스와 관련된 피해 사고(paranoid ideation) 또는 심한 해리(dissociative) 증상들.

이와 같은 DSM-5의 경계성 성격장애의 진단기준으로 김정은의 경우를 차례대로 살펴보면 다음과 같다.

1. 버림받을 수 있다는 불안감에 대해

김정은이 스무 살 때인 2004년 8월 13일 어머니 고용희가 유방암으로 사망하고, 스물일곱 살 때인 2011년 12월 17일 아버지 김정일이 사망했다. 김정은은 서른 살도 되지 않은 스물일곱의 어린 나이에 김일성과 김정일의 대를 이어 김씨 왕조에서 세 번째 왕좌에 올랐다.

김정은 입장에서는 북한을 통치하기에는 충분히 준비가 되어 있지 않은데, 어머니 고용희와 아버지 김정일이 어린 자신을 이 세상에 버려두고 너무 일찍 죽었다고 생각했을 것이다. 그나마 김정은은 북한 통치에 도움을 줄 만한 고모부 장성택이 자신을 버리고 자신의 권력을 탈취할까 봐 의심해 2013년 12월 12일 처형했다.

자신보다 열세 살 많은 이복형 김정남이 있지만 도움이 되기보다 언제 주변에서 자신 대신 김정남을 내세울지도 모른다는 불안감만 줄 따름이다. 세 살 많은 친형 김정철이 있지만 음악과 여자에 관심 있을 뿐 김정은의 권력 유지에는 도움이 되지 않는다. 그나마 이제 도움받을 수 있는 핏줄은 자신보다 열 살 많은 이복누나 김설송과 다섯 살 어린 친여동생 김여정 정도이다.

김정은은 버림받지 않기 위해 다시 말해, 배신당하지 않기 위해 도청까지 하면서 주변을 끊임없이 감시한다. 만약 자신이 버림받을 가능성이 있으면 즉 배신당할 가능성이 있으면 먼저 그 상대방을 공격한다. 이와 같은 이유로 김정은은 주변에 대해 수시로 숙청을 감행하고 있다.

그리고 나서 '이제 나를 버리고 배신할 인간은 당분간 없겠지' 하다가 다시 자신이 버림받을 것 같은 상황이 발생하면 숙청작업을 재개한다. 김정은은 이와 같이 버림받을 것 같은 생각이 들거나 그런 상황이 발생하면, 버림받는 상황을 피하기 위해 자기를 버리거나 버릴 것 같은 상대방을 먼저 숙청한다.

김정은은 겉으로는 중국에 강경한 정책을 전개하고 있는 것처럼 보이지만, 사실은 중국으로부터 버림받아 한국과 미국으로부터 공격받을까봐 불안한 상태에 있다고 생각한다.

2. 과대이상화와 과소평가에 대해

김정은은 2010년 천안함 폭침과 연평도 포격, 2015년 비무장지대(DMZ) 목함지뢰 도발의 배후 주모자로 지목받고 있는 대남 강경파 김영철을 2012년 인민군 대장으로 진급시켰다가 갑자기 두 계급 아래인 중장으로 강등시켰다. 그 후 대장 계급장을 달아줬다가 다시 한 계급 아래인 상장으로 강등시켰다. 김영철은 2015년 말 교통사고로 사망한 김양건 통일전선부장의 후임으로 재신임을 받았지만, 2016년 7월 중순부터 약 1달 정도 지방 농장에서 혁명화 처벌을 받은 것으로 알려진다.

김정은은 이와 같이 주변 사람에 대해 충신 중의 충신이라고 과대이상화하면서 추켜세우다가 갑자기 '그 인간은 나한테 불충하고, 인민의 기대를 저버렸다'며 과소평가하며 김영철의 경우처럼 강등시키거나 혁명화 작업을 보내기도 하고, 심지어는 현영철 인민무력부장처럼 처형하기도 한다.

우리 주변에서도 어느 대통령에 대해 지나치게 과대이상화하며 사이비 종교 교주 모시듯 칭송과 찬양을 하더니, 어느 날 갑자기 그 대통령을 지나치게 과소평가하면서 '내가 이런 꼴을 보려고 그 사람을 지지했나' 하면서 '당장 대통령 자리에서 끌어내려야 한다'며 양극단을 오가는 일부 정치인들을 볼 수 있다. 나는 이들이 명확한 경계성 성격장애자는 아니더라도 적어도 그런 성향은 있다고 생각한다.

3. 정체성 혼란에 대해

앞에서 김정은의 페르조나에 대해 서술한 바와 같이, 김정은이 북한의 최고 통치자라는 페르조나가 자신한테 편안하게 느껴진다면, 개혁과 개방을 하면서 북한 주민들의 삶을 질적으로 향상시켰을 것이라고 생각한다. 또한 주변 사람들에 대한 숙청작업도 하지 않았을 것이다.

김정은에게 북한의 최고 통치자라는 페르조나가 맞지 않으니, 이에 따라 자신의 정체성에 혼란이 올 수밖에 없다고 생각한다. 자신의 정체성에 혼란이 오니 폭음과 폭식을 하고, 주변에 대해 이랬다저랬다 하는 예측할 수 없는 행동을 수시로 보이고 있다고 생각한다.

4. 자신을 손상할 가능성이 있는 영역(소비, 물질남용, 무모한 운전, 폭식 등)에 대해

김정은은 북한 주민들은 굶주리고 있는데 자신은 지나친 소비행위에 탐닉해 있다. 2010년 10월 노동당 창건 65주년 기념식에 스위스 파텍 필립 제품으로 추정되는 손목시계를 찼는데 가격이 1억 원 정도 된다고 한다. 2012년 8월에는 리설주와 함께 스위스 명품 브랜드인 모바드 시계를 커플로 차고 나타나기도 했다. 또한 김정은 딸 김주애의 출산과 관련되었다고 추정되는 300만 원이 넘는 스위스 메델라 회사의 모유 짜는 기계를 포함해 유럽산 최고급 출산용품과 육아용품 구매에 2억 원 정도를 소비했다고 한다. 김정은은 스위스 에멘탈 치즈를 수입해 먹는 것으로 알려져 있으며, 스키장비도 스위스제 수제스키를 수입해 사용한다고 한다. 김정은은 주민들이 굶주리는 북한의 현실과는 동떨어진 지나친 과소비를 하고 있다

물질남용과 관련해, 김정은은 담배를 끊었다가 피우고 싶은 충동을 절제하지 못해 다시 피우고 있는 것으로 전해지고 있다. 2016년 4월 평양을 방문한 후지모토 겐지에게 "며칠 전에 보르도 와인 10병을 마셨더니 위 상태가 조금 나빠진 듯하다"고 말한 것으로 봐서 김정은이 정서적으로 불안정해 새벽까지 폭음한다는 소문이 맞는다고 생각한다.

2016년 4월 김정은이 후지모토 겐지를 만나러 평양의 고려호텔에 올

때, 김정은 자신이 벤츠를 직접 운전했으며 조수석에는 김창선 당 중앙 비서실 부부장이 앉아 있었다고 한다. 물론 일곱 살 무렵부터 벤츠 600을 운전했을 정도이니 놀랄 만한 일은 아니지만, 북한 최고 통치자에 대한 경호와 안전 문제를 고려할 때 무모한 행동이라고 생각한다.

김정은은 2012년 몸무게가 90킬로그램 정도였는데 최근에는 130킬로그램으로 추정되고 있다. 신장 171센티미터에 나이 32세를 고려해 체질량지수(BMI)를 계산하면, 정상범위인 20 내지 25의 범위를 훨씬 벗어나 44를 넘어서고 있다. 초고도 비만에 해당하는데 폭식 때문이라고 추정된다. 폭식의 원인은 뚱뚱했던 김일성 흉내 내기와 스트레스로 인한 것으로 생각된다.

5. 반복하는 자살 행동, 제스처, 또는 위협, 또는 자해 행동에 대해

김정은 집권 이후 2013년 2월 12일, 2016년 1월 6일에 이어 2016년 9월 9일까지 이미 세 차례의 핵실험을 감행했으며, 대륙간탄도미사일과 잠수함발사탄도미사일 개발에 집착하면서 한국과 미국을 위협하고 있다.

김정은의 생각 중 하나는 만약 한국과 미국이 자신에게 군사적 행동을 취하는 상황이 발생하여 자신이 막다른 길에 몰려 벗어날 출구가 없다고 생각하면, 핵폭탄을 사용한 공멸의 길로 가겠다는, 즉 동반자살하겠다는 것이라고 생각한다. 만약 자신을 건드리면 핵무기로 한국과 미국을 직접 공격하지 않더라도, 이미 제조된 핵폭탄을 포함해 모든 핵과 관련된 물질 및 시설을 지상에서 폭발시켜 한반도는 물론 일본과 중국의 상당 부분이 핵물질 오염지대로 변하게 될 것이니, 이런 꼴을 당하고 싶지 않으면 자신을 건드리지 말고 그냥 두라는 협박이다. 이런 행동 양상은 폭력배들이 사용하는 자해를 통한 협박과 갈취와 같은 저급한 수준이라고 생각한다.

정신과 임상진료에서 경계성 성격장애자들을 면담해 보면, 실제로 자살시도를 확실히 성공해야겠다는 경우는 그리 많지 않다. 오히려 자살하려는 제스처를 취하면서 주변을 협박해, 자신이 원하는 것을 얻거나 주변으로부터 관심을 얻으려는 경우가 많다. 그래서 너무 깊게 칼로 손목을 베면 죽으니까 죽지 않을 정도로 얇게 손목을 칼로 긋거나 수면제를 과다 복용하면 죽으니까 죽지 않을 정도로 수면제를 먹는 경우가 대부분이다. 이와 같이 경계선 성격장애자인 김정은도 선제적으로 핵폭탄을 사용하는 자살행위는 하지 않을 것이라고 생각된다.

하지만 때로는 실수로 손목을 너무 깊게 칼로 긋거나 수면제를 지나치게 과다 복용해 자신의 원래 의도와 관계없이 죽는 경계선 성격장애자들도 가끔 볼 수 있다. 김정은의 경우도 핵폭탄으로 자해하겠다는 쇼를 하다가 관계자들의 실수로 자신이 원래 의도했던 목적과는 다르게, 실제로 지상에서 핵폭발이 일어나 한반도에서 핵으로 인한 참사가 발생할 수도 있다.

김정은의 작전 중 하나는 실제로 자살할 의도가 전혀 없으면서 핵무기를 이용해 한국과 미국 그리고 일본에 동반자살의 위협을 가하는 것이라고 생각한다.

6. 기분의 현저한 반응성으로 인한 정동(affect)의 불안정성에 대해

2016년 7월 25일 북한의 내각 과학기술담당 부총리 김용진이 총살당했다. 김용진은 2016년 5월 7차 당 대회에서 김정은이 연설하는 동안 안경을 닦았다는 것과 2016년 6월 29일 최고인민회의에서 불량한 자세로 앉아 있었다는 이유로 조사받은 후 반당·반혁명분자로 낙인찍혀 총살당한 것으로 알려진다. 이 사건에 대해 김용진이 실제로 안경을 닦은 것은 맞는데, 김정은이 연설하는 동안 김용진이 졸고 있다고 착각해 처형당했을 수도 있다는 주장이 제기되고 있다.

김정은이 고모부 장성택을 처형한 이유 중의 하나도 김정은이 연설하는 동안 장성택이 '건성건성 박수를 쳤다'는 것이었다.

김정은은 무시당한다는 느낌을 받으면 기분이 유별나게 과민해지고, 불쾌감을 느끼면서, 분노를 통제하지 못하고, 정서적으로 불안정해지는 모습을 수시로 보이고 있다. 이와 같은 김정은의 불안정한 정서로 인해 숙청이 빈번하게 벌어지고 있고, 불안정한 정서와 주변을 의심하는 편집증이 중첩될 때, 숙청작업이 더 빈번하고 심하게 나타나는 것으로 생각된다.

7. 만성적 공허감에 대해

2017년 현재 서른 세 살의 김정은은 조부도 조모도 없고, 아버지와 어머니 또한 이 세상에 없다. 실제로 고아인 셈이다.

이복형인 김정남도 2017년 2월 13일 김정은의 지시를 받은 것으로 추정되는 암살단에 의해 독살되어 이제는 이 세상에 없다. 친형인 김정철은 김정은과의 권력세습에서 밀려나 동생 김정은에게 "제 구실을 못하는 나를 한품에 안아 보살펴주는 크나큰 사랑에 보답하겠다"는 충성의 편지나 보내는 비운의 황태자로 전락했다. 하나밖에 없는 고모 김경희는 남편 장성택이 조카 김정은에 의해 처형된 이후로 차차 김정은과 관계가 소원해진 것으로 알려진다.

이제 김정은에게 배우자 리설주와 딸 김주애를 제외하고 가족이라고는 이복누나 김설송과 친여동생 김여정만이 남아 있는 정도이다.

이제 김정은은 정서적으로 힘들어도 마음 터놓고 말할 가족 한 명 제대로 없는 상황이다.

김정은은 집권 이후 혈맹관계인 중국조차 방문하지 않고 있으며, 거듭되는 핵실험과 인권문제로 유엔제재를 받으며 국제사회로부터 더욱 고립되어 가고 있다. 영국 주재 북한 공사였던 태영호를 비롯해 고위 공직자의 탈북도 늘어가고 있는 추세이다.

김정은은 핵무기를 서둘러 개발해 국제적으로 핵 보유국가로 인정받은 뒤, 이를 바탕으로 한국과 미국이 자신의 정권을 위태롭게 할 일체의 군사적 행동을 제지시키고, 이와 동시에 경제부흥에 총력전을 펼쳐 이상적인 공산국가를 건설하고, 자신은 죽을 때까지 집권하고, 죽은 후에도 북한 주민의 마음속에 영원히 위대한 지도자로 남겠다는 구상을 하고 있겠지만, 김정은의 구상대로 진행되는 일은 없을 것 같다.

인간은 정상적인 야망과 이상을 가지고 진실된 삶을 살아가야 한다. 그래야 인생이 공허하지 않고 우울하지 않으며, 인생에서 창의성을 발휘할 수 있고, 비록 인생이 영원하지 않고 유한하지만 가족과 더불어 유머와 위트가 있는 마음의 여유를 가지고 살아갈 수 있다.

김정은은 자신을 정서적으로 지지해 주는 제대로 된 가족관계도 없으며 국제사회로부터도 고립된 상황에서, 처형을 피하기 위해 겉으로만 절대복종하는 진실 되지 않은 측근들에 둘러싸여 있다. 이런 상태에서 김정은이 인생의 만성적인 공허감과 우울 그리고 불안감을 느끼지 않는다면 너무나 이상한 일이라고 생각한다.

8. 부적절하고 심하게 화(anger)를 내거나 화를 통제하는 데 어려움이 있는 것에 대해

2016년 4월 12일부터 4월 23일까지 평양을 방문한 후지모토 겐지에 따르면, 김정은은 미국과 외교적으로 문제를 해결하려고 하는데 미국이 북한에 생트집을 잡는다면서 울컥해서 미사일을 발사했다고 한다.

울컥해서 자신의 화를 통제하지 못하고 미사일을 발사했다는 것은 적절한 화의 범위를 넘어선 비정상적인 행태이다.

김정은이 보이는 부적절하고 심한 화의 경우를 한 가지 더 들어보면, 도쿄신문은 북한 관계자 말을 인용해 2016년 9월 말 만취한 김정은이 자신의 별장에 군 원로들을 소집해 "너희가 군사위성 하나 만들지 못한 것은 반역죄와 같은 죄"라고 고함을 치며 반성문을 쓰게 했다고 한다(조선일보, 2016년 12월 14일).

아무리 만취했다고 해도 서른두 살의 김정은이 군 원로들에게 고함치며 부적절하게 화를 내면서 반성문을 쓰라고 한 것은 자신의 분노를 적절히 통제할 수 없었기 때문이라고 판단된다.

9. 일시적이고 스트레스와 관련된 피해 사고(paranoid ideation)에 대해

김정은의 편집증과 관련된 피해 사고는 김정은의 정신병리 중 하나이다.

김정은은 자신이 조금이라도 무시당하고 피해받을 것 같은 상황에서는 쉽사리 스트레스에 노출되고, 원래 자아가 불안정하지만 더욱 불안정해지면서 피해 사고를 갖는 것으로 생각된다.

김정은은 2012년 9월 당 정책을 비판하는 경우 "벌초할 것이 아니라 씨까지 제거해야 한다"고 당 간부들에게 말했으며, 2012년 12월 군 간부들에게 "남조선 말투와 외래어를 쓰거나 출처 없는 노래 및 가사가 왜곡된 노래를 부르는 현상을 포함해 불건전한 요소들을 맹아(씨)부터 짓뭉개기 위한 대책을 세워야 한다"고 말한 것으로 전해진다. 이와 같이 김정은은 조금이라도 자신의 권력체계에 도전하는 상황이 발생하면, 조절하기 힘든 스트레스를 받으면서 피해의식을 갖게 되고, 자신에게 피해의식을 준 대상들에 대해 분노를 통제하지 못하고, 그 대상 자체를 완전히 파괴하려는 무자비한 공격성을 드러낸다고 판단된다.

저자는 위와 같이 아홉 가지 항목에 걸친 정신과적 분석을 바탕으로 김정은의 성격은 정상의 범주를 완전히 벗어나 있으며, 김정은이 보이는 성격장애의 진단적 유형은 경계성 성격장애라고 진단한다.

경계선 성격장애자인 북한 통치자 김정은의 미래는 어떤 방향으로 진행될까?

PART 3
김정은의 미래

 북한 김씨 왕조의 권력세습은 김일성을 시작으로 김정일을 거쳐 김정은에 이르고 있으며, 김일성 시대부터 북한 주민들에 대해 선전과 선동을 통해 김씨 왕조를 우상화하고 절대적 충성을 강요하는 집단세뇌가 김정은 시대까지 이어지고 있다. 이렇게 지속적이고 끈질긴 집단세뇌 작업을 통해 북한 주민 상당수는 사이비 종교집단의 교주에 대한 우상숭배와 같은 양상을 보이는 집단 히스테리에 빠져 있다고 생각된다.

미국 월스트리트 저널(WSJ)은 김정은이 미숙하고 무능할 것이란 당초 예상과 다르게 계획적이고 노련한 독재자의 모습을 보이고 있다는 다음과 같은 내용의 논평을 보도했다(조선일보 재인용, 2016년 9월 19일).

"김정은은 할아버지인 김일성의 통치 스타일과 정책, 심지어 패션까지 따라하고 있다"며 "이는 권력을 공고화하기 위한 계산된 전략"이라고 전문가들의 의견을 인용해 보도했다. 보도에 따르면 김정은이 할아버지의 옷차림과 행동뿐 아니라 서민적 스타일·실용주의를 모방하는 것은 북한 주민들이 김일성 시대에 대해 품고 있는 추억과 향수를 자극하기 위해서다.

김일성은 6·25 사변 후 중공업과 광물자원 개발에 집중하는 경제정책으로 북한 경제의 일시적 번영을 끌어냈지만, 후계자였던 김정일은 1990년대 대기근에 직면하면서도 군을 우선시하는 정책을 폈다. 김정은은 김일성과 비슷한 모습을 보여주고 정책을 따라하면서, 정적들을 잇따라 숙청하며 얻은 잔혹한 이미지를 가리고 주민들의 반발을 무마하는 효과를 노리고 있다. WSJ는 김정은이 평양에서 대규모로 진행하고 있는 주택과 도시건설사업과 시장경제를 제한적으로 허용하고 있다는 점을 대표적 예로 꼽았다. 북한이 전통적으로 사기업 활동을 금해 온 것과 달리 김정은이 장마당이나 소규모 자영업을 용인함에 따라 최근 북한에서는 그동안 거래가 금지됐던 중국제 스마트폰이 불티나게 팔리고 있다.

관영매체를 통해 잘못된 기상예보를 한 관리를 질책하는 모습이나 놀이공원에 쪼그려 앉아 잡초를 뽑는 등의 소박한 모습을 노출하는 것도 마찬가지 전략이다. 김정은은 김일성의 꿈이기도 했던 핵무기 개발에도 더욱 박차를 가하고 있다. 김일성은 구소련의 도움을 받아 핵 개발 프로그램을 시작했지만, 김정일은 김일성 사후 1994년 제네바 핵 협상을 통해 영변 핵 시설 동결 등을 합의했고, 핵무기를 원조와 안보 협상 카드로 이용했다.

김정은은 이런 김정일과 달리 핵무기를 군부 장악력을 강화하고 남한을 위협하기 위한 수단으로 적극 활용하고 있다. 김정은의 이런 통치 전략은 김정은 집권 후 그의 어린 나이와 미숙함 때문에 북한 체제의 급변이 곧 나타날지 모른다고 봤던 예측이 틀렸음을 보여준다고 WSJ는 분석했다.

월스트리트 저널의 논평대로 김정은이 유능한 독재자로서 조부 김일성과 아버지 김정일처럼 죽을 때까지 핵무기를 포함한 북한 군사력과 중국을 이용해 한국과 미국에 위협과 회유를 하며 협상을 통해, 김정은 자신도 자연사나 병사할 때까지 북한을 강압통치할 수 있을지에 대해서는 의문이 든다.

'아랍의 봄' 같은 시민혁명에 의한 김정은 정권 타도는 지금 당장은 지극히 어렵다고 판단되지만, 과거 김일성과 김정일 시대에 비해 현재의 김정은 시대는 인터넷 등을 통한 정보공유와 정보개방 그리고 기존질서의 몰락으로 하루가 다르게 세상이 급변하고 있는 시대이다.

이렇게 급변하는 세계적 상황에서 북한만이 김씨 왕조가 주민들을 노예화하면서 지속적으로 폐쇄된 사회로 남아 있는 것은 불가능한 일이라고 생각한다.

그러면 경계성 성격장애자인 북한의 통치자 김정은의 앞날은 어떻게 될까?

저자는 김정은의 정신병리를 바탕으로 김정은의 앞날이 어떻게 될지에 대해 가능성이 높은 순서대로 서술해 보려고 한다.

핵 협상과 집단세뇌를 통해 잠정적으로 권력 유지　01

　김정은은 핵무기를 이용해 한국과 미국을 대상으로 자신에게 유리하게 협상을 진행해 가며, 자신의 정권을 향후 상당 기간 유지할 가능성이 가장 높을 것으로 추정된다.

　김정일은 1974년 2월 13일 노동당 중앙위원회에서 당과 인민의 지도자로 발표되면서 김일성의 후계자로 확정된 뒤 20여 년간 김씨 왕조의 왕세자로서 권력세습에 대한 훈련을 받았으며, 이를 활용해 1994년 7월 8일 김일성이 사망한 뒤 김정일 자신이 2011년 12월 17일 사망할 때까지 북한을 강압적으로 통치했다.

　김정일은 자신의 후계자 시절과 직접 통치 기간 동안 한국의 대통령들인 박정희, 최규하, 전두환, 노태우, 김영삼, 김대중, 노무현, 이명박과 미국의 대통령들인 리처드 닉슨을 시작으로 제럴드 포드, 지미 카터, 로널드 레이건, 조지 H.W. 부시, 빌 클린턴, 조지 W. 부시 그리고 버락 오바마를 상대했다.

　김정일은 한국의 보수와 진보 출신 대통령들과 미국의 공화당과 민주당 출신 대통령들을 정치적으로 다양하게 경험하면서 어떻게 협상해야

이들로부터 자신의 이익을 최대한 취할 수 있는지 자연스럽게 습득했다고 생각한다.

김정일은 김일성과 공동통치 기간 20여 년과 혼자서 17년을 통치한 반면에 한국은 박정희와 최규하 그리고 전두환 대통령의 경우를 제외하고는 현행 헌법에 따라 5년 단임 임기로 제한되어 있었다. 한국의 대통령들은 김정일을 어느 정도 파악해 남북 간에 제대로 균형 잡힌 협상을 하려고 하면 임기가 끝나가는 양상을 보여왔다. 김정일은 임기가 없는 종신 통치자이고 한국은 아니다. 김정일은 자기의 요구를 한국이 들어주지 않으면 도발과 전쟁 위협을 하면서 한국 내부를 분열시키고, 자신이 원하는 요구를 관철할 시기, 즉 자신과 대화할 수 있다고 판단되는 정권이 들어서기를 기다렸다. 한국이 김정일을 다루기 힘들었던 가장 큰 이유 중의 하나가 이 문제였다고 생각한다.

이제 김씨 왕조의 세 번째 통치자인 김정은이 권력을 세습했다. 김정은은 이미 한국의 이명박 전 대통령을 거쳐 박근혜 대통령을 경험하고 있다. 김정은도 김정일처럼 갈수록 한국과 미국의 대통령들을 경험하며, 점점 자신의 영구적인 집권과 한국으로부터 현금과 물자를 갈취하는 방법을 터득해 나갈 것이라고 생각한다.

김정은은 향후 점차 쌓여지는 협상 경험을 바탕으로 핵무기를 이용한 위협과 협박으로 한국과 미국을 상대하는 한편, 중국의 약점을 교묘히 활용해 자신의 권력을 상당 기간 유지해 갈 것으로 생각한다.

중국이 세계 강대국 서열 두 번째이지만, 북한이 핵 문제에 대해 중국의 권고를 듣지 않는다고 마음대로 어떻게 할 수 있는 상황이 아니라고 생각한다.

중국은 주변 14개국과 2만 2,000킬로미터에 이르는 국경선으로 맞닿아 있다. 북한은 이 국가들 중에서 중국의 안보와 가장 밀접한 관계가 있다고 볼 수 있다.

북한은 중국과 압록강과 두만강을 경계로 약 1,300킬로미터나 되는 국경을 사이에 두고 있으며, 중국의 동북 3성인 지린성과 랴오닝성 그리고 헤이룽장성을 중심으로 약 200만 명의 조선족이 거주하고 있다.

문제는 북한에 급변사태가 발생했을 경우, 북한에서 동북 3성으로 대규모 난민이 유입되고, 이에 따라 동북 3성이 정치경제사회적으로 극도로 불안정해질 수 있으며, 더 나아가 티베트나 위구루 자치구처럼 중국으로부터의 분리 독립이 제기될 가능성이 높다고 볼 수 있다. 중국 당국이 절대로 피하고 싶은 상황이 발생할 수도 있다는 의미이다.

중국은 북한에 대해 또 하나 더 심각한 문제가 있다. 이에 대해서는 2016년 8월 한국으로 망명한 영국 주재 북한 공사 태영호가 2016년 12월 27일 기자 간담회에서 다음과 같이 명백하게 지적하고 있다.

중국이 결심만 한다면 북한 정권을 끝내는 것은 일도 아니라고 생각한다. 그러나 중국은 압록강과 두만강으로 다가올 수 있는 자유민주주의와 미군이라는 물리적 존재를 막기 위해 어쩔 수 없이 김정은 정권을 비호하고 있고, 김정은 정권은 중국의 이 같은 약점을 잘 알고 있다. 북한이 중국에 대해 상당히 자주적인 입장을 취하고 있는데, 이는 중국의 약점을 잘 알고 있기 때문이다.

김정은은 북한 내부에 대해서는 끊임없이 감시와 처형 등으로 가혹한 공포정치를 시행하면서, 김씨 일가 우상화 작업 등의 집단 세뇌작업으로 북한 주민들을 현혹시켜 자신의 권력을 상당 기간 유지시켜 갈 것으로 생각한다.

김정은의 북한 주민들에 대한 세뇌작업은 히틀러 나치 정권의 선전부장관이었던 괴벨스의 다음과 같은 선전선동과 일치한다고 생각한다.

대중은 어리석다. 거짓말을 크게 해라. 아무도 확인하지 않는다. 선동은 문장 한 줄로 가능하지만 그것을 반박하려면 수십 장의 문서와 증거가 필요하다. 그리고 그것을 반박하려고 할 때면 이미 사람들은 선동당해 있다. 나에게 한 문장만 달라. 누구든 범죄자로 만들 수 있다. 사람들은 한 번 들은 거짓말은 부정하지만, 두 번 들으면 그럴 수도 있다고 생각하고, 세 번 들으면 결국 거짓말을 믿게 된다. 그리고 거짓과 진실의 적절한 배합은 100퍼센트 거짓말보다 더 큰 효과를 낸다. 대중을 열광시키는 가장 강렬한 방법은 분노와 증오를 유발시키는 것이다.

김정은은 김씨 일가의 우상화 작업과 관련해 끊임없이 거짓말을 하고 있으며, 북한 주민들이 한국과 미국에 대해 분노와 증오심을 갖도록 지속적으로 집단 세뇌작업을 시행하고 있다.

한국과 미국은 경계성 성격장애자인 김정은의 특징인 예측 불가한 행동으로 인해 향후 핵협상에서 끊임없는 난관을 겪어야 할 것으로 생각된다.

쿠데타에 의한 축출, 암살 02

　　북한 군부가 쿠데타를 시도해 김정은을 축출하고 김평일이나 김정철을 내세우거나 아니면 집단 통치체제를 수립했을 때, 자신들이 지금 김정은 체제에서 누리고 있는 특별대우를 계속 받을 수 있을지 확신이 서지 않고, 만약 실패하면 무자비하게 처형당할 것이기 때문에 군부 쿠데타는 일어날 가능성이 희박하다고 보는 의견이 있다.

　　하지만 김정은이 권력을 세습한 지 2년 정도 기간에 인민군 장성들의 인사를 수시로 단행하였는데 인민군 총참모장은 리영호, 현영철, 김격식, 리영길 등 네 명이나 되었고, 인민무력부장도 김영춘, 김정각, 김격식, 장정남, 현영철 등 다섯 명이나 되었다. 이와 같이 김정은이 어느 날 갑자기 진급시켰다가 불시에 강등시키는 등 예측 불가한 행위를 지속하면, 인민군 장성들도 자신의 위치가 언제 어떻게 될지 모르니 불안의 강도가 점차 증가할 것이고, 김정은에 대한 반감이 점차 고조되어 갈 것이다. 이와 더불어 김정은은 의심 많은 편집증으로 이들을 신뢰할 수 없어 도청 등을 통해 끊임없이 감시하고 숙청을 지속해 나갈 것이다.

　　이런 상황이 반복되면 군부의 쿠데타가 일어날 가능성도 상당히 높아질 수 있다고 생각한다.

북한에서 군부 쿠데타가 현실적으로 불가능한 일은 아니다.

김일성 시대에도 1956년 8월 종파사건이 있었다. 앞에서도 언급했듯이 김일성에 대항해 연안파와 소련파가 합세해 군사 쿠데타를 계획했으나 김일성이 미리 파악하고 관련자들을 숙청한 사건이다. 1994년 김일성이 사망한 해에도 체제에 불만을 가진 함경북도 청진시 제6군단 사령부 정치위원을 중심으로 쿠데타 시도가 있었지만, 정보가 사전에 누출되어 인민군 장성들을 포함한 고급장교들이 상당수 처형된 것으로 전해진다.

김정은은 대규모 군부 쿠데타가 아닌 아주 가까운 측근에 의해 암살당할 가능성도 있다고 생각한다.

1979년 10월 26일 청와대 인근 궁정동 안전가옥의 저녁 만찬 자리에서 박정희 전 대통령은 당시 경호실장이었던 차지철과 불화가 있었던 중앙정보부(현재의 국가정보원) 부장이었던 김재규에 의해 암살당했다.

2017년 2월 4일 조선일보 보도에 따르면, 통일부는 "1월 중순 김원홍 국가안전보위상이 당 조직지도부의 조사를 받고 대장(별 넷)에서 소장(별 하나)으로 강등된 뒤 해임되었다"며 김원홍 외에도 보위성 부상(차관) 등 간부가 여럿 처형된 것으로 파악하고 있다"고 밝혔다.

북한 소식통은 "김정은이 '일 잘한다'고 칭찬한 노동당 조직지도부 소속 과장급 간부가 보위성 조사 과정에서 고문과 폭행으로 사망하는 사건이 발생했다"며 "당 조직지도부의 보복성 공격 등이 본격화하면서 권력투쟁이 심화될 가능성이 있다"고 했다.

만약 이와 같은 사실이 맞다면, 한국의 국가정보원에 해당하는 국가안전보위성과 북한 최고 실세 권력 부서인 노동당 조직지도부 사이의 권력 암투로 김정은도 박정희 전 대통령과 같이 측근에 의해 암살될 수 있다고 생각한다. 이러한 측근에 의한 암살이 한국에서와 같이 북한에서 과연 가능할까?

고미 요우지(2014)가 김정일에 대한 암살 성공 가능성에 대해 후지모토 겐지에게 물어본 적이 있는데, 후지모토 겐지는 다음과 같이 대답했다고 한다.

김정일 관저에 들어가려면 엄중한 신체검사를 받아야 하지만 그럴 기회는 많았다. 김정일이 먹을 초밥이나 기타 식재료에 독을 넣기만 하면 되니까. 이른바 시식 시종이라고 하는 관례가 있어서 우리가 만든 요리는 우리가 직접 먼저 맛보게 되어 있었다. 그러나 그 관례는 형식적이었기 때문에 얼마든지 독을 숨겨서 김정일이 먹는 요리에 집어넣을 수 있었다. 물론 그런 불충한 행위는 단 한 번도 생각한 적이 없다.

후지모토 겐지의 대답으로 볼 때, 김정은 암살이 현실적으로 불가능한 것은 아니라는 생각이다.

앞에서도 언급했듯이 김정일 시대에 암살기도로 보이는 사건이 있었던 것으로 전해진다.

2004년 4월 22일 중국과 북한 국경에서 북한으로 20킬로미터 들어간 평안북도 용천군 용천역에서 대규모 폭발사고가 발생했다. 이 폭발사고는 김정일이 중국 방문을 마치고 귀국하면서 탑승하고 있던 1호 열차가 용천역을 통과하기로 되어 있던 시간에 발생했다. 김정일의 귀국 일정을 관리했던 김용삼 철도상은 그 후 처형당했다. 당시 김정일은 중국 정부 관리로부터 사전에 정보를 입수해 암살을 모면한 것으로 알려졌다.

김정은은 자신의 과시적인 성격으로 인해 허술한 목선을 타고 서해안 최전방에 있는 무도를 방문한다든지, 후지모토 겐지를 만나러 평양 고려호텔을 가면서 무모하게 벤츠를 직접 운전한다든지 하면서 경호상의 문제점들을 노출시키고 있다. 김정은의 이런 부주의한 행동 양상들은 암살의 성공 가능성을 더욱 증대시킨다고 생각한다.

주민봉기에 의한 처형　03

　1989년 24년간 루마니아를 강압 통치한 사회주의자 니콜라에 차우세스코는 시민군에 처형되었으며, 42년간 장기집권하면서 국민들에게 온갖 악행을 저지르던 리비아의 무아마르 알 카다피 또한 2011년 시민군에 의해 총상을 입고 비참한 죽음을 맞이했다.
　김정은도 얼마든지 북한 주민들의 시민혁명에 의해 처형되거나 망명해야 할 운명에 처해질 수 있다고 생각한다.
　김정은은 주변을 의심하는 편집증과 예측하기 힘든 충동적 공격성으로 간부들을 수시로 처형하면서 공포정치를 시행하는 한편, 외부로부터의 정보유입을 철저히 차단해 김씨 왕조를 유지시키려 하고 있다.
　하지만 전 세계적으로 급속도로 발전하는 정보산업의 분위기에서 완전히 벗어나 북한만 고립된 섬으로 남아 있는 것은 현실적으로 가능하지 않다.
　북한 주민들은 북한의 재외 공관원들, 외화벌이를 위해 외국 거주 경험이 있는 노동자들, 탈북자들을 통하거나 북한 당국의 감시를 피해 장마당이나 무역상을 통해 USB나 SD카드 또는 DVD를 이용한 한국 드라마나 뉴스 등을 시청하면서 외부 정보에 점차 눈뜨고 있다. 최근 북한에 스마트폰이나 태블릿 PC 사용자가 급속히 증가하여 스마트폰 사용자가 300만 명 이상에 이르고 있어 북한으로의 정보유입이 더욱 가속화되고 있는 실정이다.

2016년 8월 한국으로 망명한 영국 주재 북한 공사 태영호는 "북한 사회는 외부로부터 정보유입이 차단된 조건에서만 존재 가능한 사회다. 만일 어느 순간에 북한으로 외부 정보가 유입되는 날 북한은 스스로 물먹은 담벼락처럼 허물어진다. 그래서 북한은 어떻게 하면 외부 유입을 차단할까 별의별 조치를 취하고 있다"고 말했다.

북한으로 외부 정보가 지속적으로 유입되면, 김씨 왕조의 황당한 우상화 정책과 주민들에 대한 착취 및 인권 말살에 대한 인식도 차츰 증가하게 되고, 결국은 북한 주민들의 봉기를 유발하게 될 것이며, 김정은은 북한 주민들에 의해 처형되거나 중국으로 망명하는 상황이 발생할 가능성이 있다고 생각한다.

중국에 의한 제거   04

    김정은이 중국 국가 주석 시진핑의 말을 듣지 않는 이유는 앞에서 논의했듯이 북한을 필요로 하는 중국의 약점을 잡고 있기 때문이다.

    시진핑이 북한의 대륙간탄도미사일과 잠수함탄도미사일 개발은 그런대로 참을 만하지만 국제적으로 심각한 문제를 야기하는 핵폭탄 개발과 핵폭탄을 소형화해서 대륙간탄도미사일에 탑재하는 것은 참기 힘든 상황이라고 생각한다.

    핵을 탑재한 대륙간탄도미사일을 김정은이 보유하게 되면 미국은 북한을 직접 선제타격하든지 아니면 중국에 김정은을 통제하라고 강도 높은 요구를 할 것이다.

    전 세계 어떤 국가 지도자들도 중국이 마음만 먹는다면 김정은을 제거할 수 있다고 생각하고 있을 것이다. 이런 상황에서 김정은이 계속 핵 개발에 몰두해 핵보유국 지위를 인정받으려 하고, 국제사회는 이를 용인하지 않는다면, 결국 시진핑은 주한 미군 철수를 조건으로 김정은을 제거해야만 하는 상황에 몰릴 수도 있다.

    미국 45대 대통령 도널드 트럼프는 이미 공화당 대선 후보자 시절에 북한 핵문제에 대해서 "중국이 핵무기에 집착하는 김정은을 충분히 통제할 수 있는데도 불구하고 실행에 옮기지 않고 있는데, 중국을 움직여 북한 핵문제를 해결해야 한다"고 말했다.

물론 시진핑은 김정은 제거 후 김정은의 친형인 김정철 또는 김정은의 작은 아버지인 김평일을 내세워 베이징의 통제를 받는 친중 북한 정부를 만들 수도 있다.

이런 상황이 현실화되면 김정은은 다음에서 언급할 핵무기를 사용해 자해 및 타해 행위를 할 것인지 생각할 것이다.

자해와 타해　05

　김정은은 예측불가한 충동적 행동과 분노조절의 어려움 그리고 자존감에 상처를 받을 때는 상대방에게 무자비한 보복 등의 정신병리를 보이고 있다. 이런 김정은의 정신병리적인 측면을 고려할 때, 만약 김정은이 자신의 권력유지에 회복 불가능한 치명적인 손상을 받는다면 핵폭탄에 의한 공멸의 길을 선택할 수도 있다.

　김정은은 '너는 죽고, 나는 살아야겠다'는 생각을 최우선적으로 하면서 '같이 살자, 하지만 너는 내 뜻을 존중해야만 한다'는 것을 차선으로 삼고 있다고 생각한다. '나는 죽고, 너는 살아라'는 생각은 절대 하지 않고, 오히려 '나는 죽지만 너도 그냥 두고 죽을 수 없으니, 너도 반드시 죽어줘야겠다'는 생각을 할 것이라고 생각한다. 따라서 이럴 경우 김정은은 핵폭탄을 통한 자해 및 타해, 즉 한국과 공멸의 길을 선택할 것이라고 판단된다.

06　병사·사고사

　　김정은은 171센티미터의 신장에 체중이 130킬로그램 정도로 추정된다. 체질량지수(BMI)를 계산하면 지수가 44(정상 20-25)를 넘는 초고도 비만에 해당하는 수치이다.

　　김정은은 2016년 5월 7차 당 대회에서 3시간 정도에 걸쳐 업무보고서를 직접 읽었는데, 당시 보고서 읽기가 1시간 정도 지나자 김정은은 몸을 좌우로 자주 흔들었고, 발성이 명확하지 않았으며, 몸을 전면으로 숙이기도 했다. 시간이 지날수록 체력이 떨어져 힘들어하는 기색이 역력했다고 한다. 이와 같은 현상은 과다체중과 관련이 있다고 생각한다. 김정은이 스위스 유학시절 친구들과 함께 찍은 사진을 보면 지금의 모습과 달리 전혀 비만하지 않음을 알 수 있다.

　　김정은의 과다체중은 김일성 따라하기를 위해 고의로 체중을 늘린 측면도 있지만 스트레스로 인한 폭식이 원인일 가능성이 높다고 생각한다.

　　김정은의 폭식으로 인한 과다체중은 뇌졸중과 심근경색을 포함한 심장혈관계 질환, 간경화와 간암으로 진행될 수 있는 지방간 등을 유발할 수 있다. 김일성의 사인이 심근경색이고, 김정일도 뇌졸중이 있었기 때문에 김정은도 급성 심장혈관계 질환으로 사망할 수 있다.

또한 김정은은 하룻밤 사이에 와인을 10병이나 마시기도 하고, 음주 횟수도 빈번한 것으로 알려져 있는데, 이런 폭음은 심장혈관계 질환이나 간 질환을 더욱 악화시킬 수 있다.

김정은이 금연에 실패하고 다시 지나치게 흡연하는 것으로 전해지는데, 이는 폐암이나 식도암을 유발할 수 있다.

김정은은 병사하지 않더라도 무모하고 과시적인 성격으로 허술한 목선을 타거나 경비행기 조종과 자동차 운전을 직접 하거나 지나치게 근접한 거리에서 군사훈련을 참관하다가 사고로 인한 사망의 가능성도 있을 수 있다.

07 자살

인간의 공격성이 타인에게 향하면 살인이 되고, 자신을 향하면 자살하게 된다.

김정은은 주변에 대해서 가학적인 무자비한 공격성을 드러내지만, 그 공격성이 자신에게로 향할 것 같지는 않다. 자살할 것 같지는 않다는 의미이다.

만약 김정은이 자살한다면, 그 경우는 한국과 미국을 상대로 피할 수 없는 전면전에서 패배하거나 아니면 앞에서 언급한 중국의 제거 작전으로 권력을 잃었을 때라고 생각한다.

2006년 이라크의 사담 후세인은 미군에 체포되어 국제사법재판소에서 전범으로 사형당했지만, 김정은이 사담 후세인과 같은 상황에 처해지면 회복할 수 없는 자존감 손상으로 화를 참지 못하고, 제2차 세계대전 때 패전한 독일의 아돌프 히틀러처럼 자살을 택할 것으로 생각한다.

참고문헌

01. 고미 요우지, 조병희 옮김 『김정은, 누가 조종하는가?』 모닝에듀, 2014
02. 곤도 다이스케, 이용빈·노경아 옮김 『시진핑은 왜 김정은을 죽이려는가』 한국경제신문, 2015
03. 김승재 『인도에 등장한 김정은, 그 후의 북한 풍경』 선인, 2015
04. 다케야마 소데츠, 정용연 옮김 『김정일과 김정은의 정체』 심비언, 2011
05. 미국정신의학회, 권준수 옮김 『정신질환의 진단 및 통계 편람』 학지사, 2015
06. 박요한 『북한 핵 무력의 세계 정체성』 행복에너지, 2016
07. 변영욱 『김정은.jpg』 한울, 2015
08. 성혜랑 『등나무집』 지식나라, 2000
09. 손광주 『김정일 리포트』 바다출판사, 2003
10. 이영종 『후계자 김정은』 늘품플러스, 2010
11. 이윤걸 『김정일의 유서와 김정은의 미래』 비전원, 2012
12. 이한영 『김정일 로열패밀리』 시대정신, 2004
13. 장경준 『내 아기 발가락 정상이에요?』 살림, 1994
14. 장경준 『정신의학자가 분석한 화이트 오바마』 한솜미디어, 2011
15. 전지명 『세습 3대 김정은 시대 북한의 미래』 三英社, 2015
16. 정창현 『곁에서 본 김정일』 김영사, 1999
17. 정창현 『키워드로 본 김정은시대의 북한』 선인, 2014
18. 중앙일보 특별취재반 『한반도 절반의 상속인 金正日』 중앙일보사, 1994
19. 최성 『김정일과 현대북한정치사』 한국방송출판, 2002
20. 최성 『김정일과 현대북한체제』 한국방송출판, 2002
21. 陳性桂 『-그는 누구인가?- 金正日』 同和硏究所, 2000
22. 関川夏央, 洪元泰·盧政善·李海寧·柳鐘權 옮김 『마지막 '神의 나라' 北朝鮮』 聯合通信, 1993
23. 황장엽 『나는 역사의 진리를 보았다』 한울, 1999
24. 후지모토 겐지, 신현호 옮김 『金正日의 요리사』 月刊朝鮮社, 2003
25. 후지모토 겐지, 한유희 옮김 『북한의 후계자 왜 김정은인가?』 맥스, 2010

01. Allen M. Siegel 『Heinz Kohut and the Psychology of the Self』 Routledge, 2007
02. American Psychiatric Association 『DIAGNOSTIC AND STATISTICAL MANUAL OF MENTAL DISORDERS, FIFTH EDITION』, American Psychiatric Publishing, 2013
03. D.W. Winnicott 『Playing and Reality』 Routledge, 1990
04. Ernest S. Wolf 『TREATING THE SELF』 The Guilford Press, 1988
05. Frank Summers 『OBJECT RELATIONS THEORIES AND PSYCHOPATHOLOGY』

The Analytic Press, Inc., 1994
06. Hanna Segal 『KLEIN』 KARNAC BOOKS, 1989
07. Heinz Kohut 『HOW DOES ANALYSIS CURE?』 The University of Chicago Press, 1999
08. Heinz Kohut 『THE RESTORATION OF THE SELF』 INTERNATIONAL UNIVERSITIES PRESS, INC., 1990
09. Heinz Kohut 『THE ANALYSIS OF THE SELF』 INTERNATIONAL UNIVERSITIES PRESS, INC., 1989
10. Howard A. Bacal and Kenneth M. Newman 『Theories of Object Relations: Bridges to Self Psychology』 Columbia University Press, 1990
11. Jay R. Greenberg and Stephen A. Mitchell 『Object Relations in Psychoanalytic Theory』 Harvard University Press, 1983